맛있는북스 × 맛있는스쿨

맛있는스쿨 | www.cyberjrc.com

할인 쿠폰 사용 안내
1. 맛있는스쿨(cyberjrc.com)에서 회원가입 및 로그인 후 사용하실 수 있습니다.
2. [쿠폰] 메뉴에서 코드를 입력하면 쿠폰이 발급됩니다.
3. [단과] 또는 [패키지 강의] 신청 시, 결제창에서 [쿠폰 적용하기] 버튼을 통해 등록된 쿠폰을 사용할 수 있습니다.

쿠폰 사용 시 유의 사항
1. 본 쿠폰은 다른 쿠폰과 중복 사용이 불가합니다.
2. 쿠폰 발급 후 60일 내로 사용이 가능합니다.
3. 각 쿠폰 코드는 1회만 사용이 가능합니다.

*쿠폰 사용 문의 : 카카오톡 채널 @맛있는스쿨

맛있는 스페인 지도

- 빌바오
- 산 세바스티안
- 산티아고 데 콤포스텔라
- 라 리오하
- 바르셀로나
- 세고비아
- 마드리드
- 까스띠야 라 만차
- 발렌시아
- 마요르까
- 세비야
- 하엔
- 말라가
- 그라나다

문화와 음식을 함께 즐기는

맛있는 스페인어 독학 첫걸음

JRC 언어연구소 기획
국선아 저

맛있는 books

초판 1쇄 발행	2019년 3월 27일
초판 6쇄 발행	2025년 11월 13일

저자	국선아
기획	JRC 언어연구소
발행인	김효정
발행처	맛있는books
등록번호	제2006-000273호

주소	서울시 서초구 명달로 54 JRC빌딩 7층
전화	구입문 02·567·3861
	내용문 02·567·3860
팩스	02·567·2471
홈페이지	www.booksJRC.com

ISBN	979-11-6148-029-9 18770
정가	15,000원

Copyright ⓒ 2019 국선아

저자와 출판사의 허락 없이 이 책의 일부 또는 전부를 무단 복사·전재·발췌할 수 없습니다.
잘못된 책은 구입처에서 바꿔 드립니다.

『맛있는 스페인어 독학 첫걸음』으로 즐겁게 공부하고, 신나는 여행 하세요!

유럽, 미주는 물론 아프리카 대륙에도 스페인어를 모국어로 사용하는 나라가 있다는 것을 아시나요? 전 세계 21개국, 5억 이상의 인구가 모국어로 사용하는 스페인어는 영어 다음으로 가장 많은 국가에서 사용되는 언어입니다. 게다가 미국 인구의 약 18%를 히스패닉이 차지한다고 하니 '미국에서도 스페인어만 하면 살 수 있다'라는 말이 괜히 나온 것은 아닐 겁니다.

그러나 아무리 실용적인 언어라 하더라도 나와 연관성이 없다면 무의미할 것입니다. 스페인어와 우리 사이의 가장 친근한 연결 고리가 되어줄 것이 바로 '여행'이 아닐까 싶습니다. 말 그대로 해외 여행의 광풍 속에 스페인은 모두가 한 번쯤 꿈꾸는 매력적인 여행지이기 때문입니다.

이 책은 여행을 매개체로 이제 막 스페인의 언어와 문화에 대해 관심을 갖기 시작한 입문자들을 위해 쓰였습니다. 알파벳, 발음부터 시작하여 간단한 의사소통을 목표로 합니다. 복잡한 설명이나 어려운 어휘는 피하고 설명의 간략함과 내용의 실용성에 가장 중점에 두고 집필하였습니다. 이 책의 특징은 다음과 같습니다.

1. 총 20 Day로 구성되어 있습니다. 각 Day마다 생생한 상황을 담은 대화가 담겨 있습니다.
2. 회화에서 두 개의 핵심 패턴을 뽑아 해당 패턴에 대한 문법적 풀이와 응용 표현을 추가로 제시합니다.
3. 현지인들이 사용하는 관용 표현이나 접속사, 감탄사 등 문장에 맛을 더하는 회화 tip이 포함되어 있습니다.
4. 추천 스페인 여행지, 핫 플레이스, 언어 학습에 흥미를 불러일으킬 만한 재밌는 문화들을 소개합니다. 여러분이 몰랐던 스페인을 다시 보게 되실 겁니다.

지면의 한계로 모두 다룰 수 없는 내용들을 친절한 설명과 함께 동영상 강의로 제작하였습니다. 효과적인 학습을 위해 무료로 제공되는 동영상 강의를 적극 활용하실 것을 추천합니다. 책을 보며 품었던 의문점들을 대부분 해소하실 수 있을 겁니다.

새로운 세계와의 준비된 첫 만남을 위한 가장 좋은 선택, 바로 『맛있는 스페인어 독학 첫걸음』입니다.

끌라라

· 이 책의 구성 ·

• WEEK 워밍업
주마다 **테마가 되는 여행지**와 **학습 내용**을 지도와 생생한 삽화를 통해 한눈에 확인할 수 있습니다.

• DAY 워밍업
지난 학습을 **복습**하고, 오늘의 스토리 회화, 학습 포인트, 핵심 패턴을 **미리 확인**할 수 있습니다.

여행할 곳 미리보기
여행할 곳에 대한 정보를 미리 만나기!

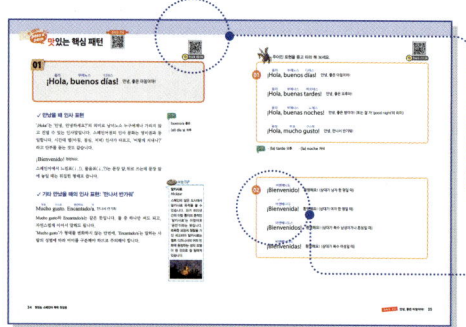

• 맛있는 핵심 패턴
핵심 패턴의 **문법과 표현**을 익히고, 표현 TIP도 함께 확인할 수 있습니다.

★ QR코드를 스캔하여 동영상 강의를 들어 보세요.

Pattern Training
다양한 **표현 연습**으로 핵심 패턴의 뼈대 확실하게 다지기!

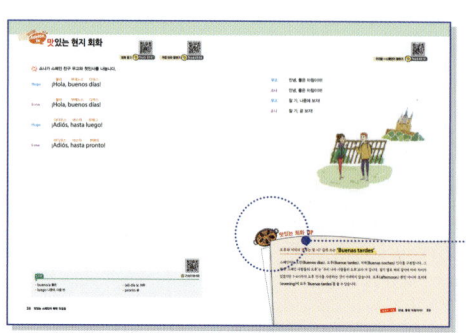

• 맛있는 현지 회화
테마 여행지를 배경으로, 핵심 패턴을 활용한 **생생한 현지 회화**를 학습할 수 있습니다.

맛있는 회화 TIP
원어민처럼 말하는 **꿀팁** 소개!

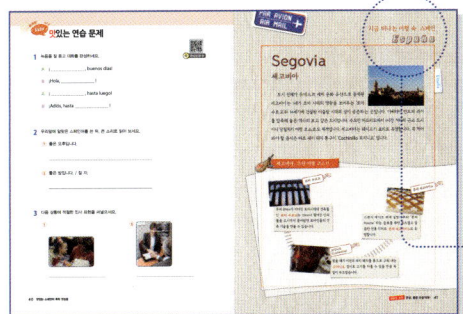

• 맛있는 연습 문제
오늘 배운 **핵심 내용**을 복습할 수 있습니다.

지금 떠나는 여행 속 스페인
테마 여행지의 추천 명소와 여행 정보를 담았습니다.

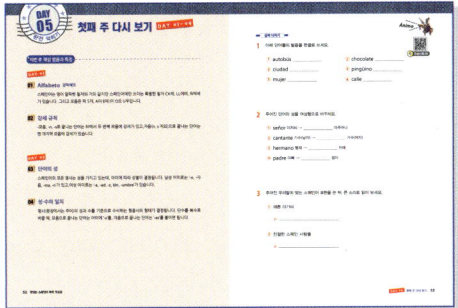

• WEEK 완전 익히기
한 주 동안 배운 내용을 한눈에 정리하고, 연습 문제로 확실하게 복습할 수 있습니다.

• 우리만 알고 있는 스페인 이야기
여행 정보, **문화**, **쇼핑** 등 관심 키워드 총망라, 우리가 잘 몰랐던 **스페인의 재미있는 이야기**들만 모아서 알려줍니다.

• 특별 부록

여행 필수품! 여행 미니북(PDF 파일)

특별 부록 구성

여행 미니북
(PDF 파일)

여행지에서 바로바로 꺼내어 쓸 수 있는 **단어**와 **문장**을 담았습니다.

주목 우리말과 스페인어 동시 녹음으로 들을 수 있습니다.

스페인 지도

테마 여행지를 한눈에 볼 수 있는 **지도**로 오늘의 여행지를 미리 만날 수 있습니다.

무료 MP3

우리말과 함께 **원어민**의 **생생한 발음**으로 녹음되어 있어 스페인어 발음, 단어, 패턴, 회화를 익히기 쉽습니다.

무료 동영상 강의

QR코드를 스캔하면 동영상 강의를 들을 수 있어요. **스페인어 발음**, **핵심 패턴**, **여행 정보**를 담은 알찬 강의와 함께라면 혼자서도 문제없습니다.

주목 유튜브에서 '맛있는 스페인어 독학 첫걸음'을 검색해 보세요.

무료 팟캐스트

귀에 쏙쏙 들어오는 **재미있고 친절한 방송**과 함께 스페인어를 즐길 수 있습니다.

무료 동영상 강의 보는 방법

 에서 **맛있는 스페인어 독학 첫걸음**을 검색하세요!

1. 스마트폰에서 보는 경우

방법 ❶ QR코드 리더로 접속

동영상 강의

*QR코드 리더 어플을 설치해 주세요.

책 속의 QR코드를 스캔하면 동영상 강의를 볼 수 있어요.

방법 ❷ PC 홈페이지로 접속

http://www.booksJRC.com

맛있는북스 홈페이지(www.booksJRC.com)에서 도서명 '**맛있는 스페인어 독학 첫걸음**'을 **검색**한 후 도서 상세 페이지에서 동영상을 볼 수 있어요.

2. PC에서 보는 경우

맛있는북스 홈페이지(www.booksJRC.com)에서 도서명 '**맛있는 스페인어 독학 첫걸음**'을 **검색**한 후 도서 상세 페이지에서 동영상을 볼 수 있어요.

무료 팟캐스트 방송 듣는 방법

귀에 쏙쏙 들어오는 재미있고 친절한 방송!

방법 ❶

안드로이드폰 사용 시

팟빵 어플이나 팟빵 모바일 사이트(m.podbbang.com)에서 '**맛있는 스페인어 독학 첫걸음**'을 검색하세요.

아이폰 사용 시

PODCAST 어플에서 '**맛있는 스페인어 독학 첫걸음**'을 검색하세요.

방법 ❷

PC 사용 시

팟빵(www.podbbang.com)이나 **아이튠즈(iTunes)**에서 '**맛있는 스페인어 독학 첫걸음**'을 검색하세요.

자, 자~ 이 마크에 주목!

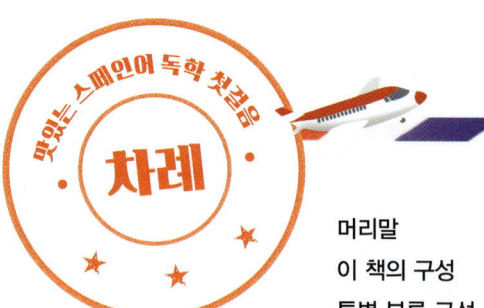

차례

머리말 · 3	학습 플래너 · 10
이 책의 구성 · 4	스페인어&스페인 미리 만나기 · 12
특별 부록 구성 · 6	일러두기&MP3 파일 구성 · 14
무료 동영상 강의 소개 · 7	여행 루트&등장 인물 소개 · 15
차례 · 8	

WEEK 01 | 지금 스페인 중부로 떠나요!

DAY 01 [발음] 발음 · 18

DAY 02 [특성] 스페인어의 기본 특성 · 26
◆ 마드리드

DAY 03 [인사하기] ¡Hola, buenos días! · 32
안녕, 좋은 아침이야!
◆ 세고비아

DAY 04 [이름 말하기] ¿Cómo te llamas? · 42
네 이름이 뭐니?
◆ 까스띠야 라 만차

DAY 05 완전 익히기 · 52

WEEK 02 | 지금 스페인 동부로 떠나요!

DAY 06 [국적과 직업 말하기] ¿Eres estudiante? · 60
너는 학생이니?
◆ 바르셀로나 I

DAY 07 [안부·상태 묻기] ¿Cómo estás? · 70
어떻게 지내니?
◆ 바르셀로나 II

DAY 08 [길 묻기] ¿Dónde está el mercado central? · 80
중앙시장이 어디에 있죠?
◆ 발렌시아

DAY 09 [가격 묻기와 숫자] ¿Cuánto cuesta? · 90
얼마예요?
◆ 마요르까

DAY 10 완전 익히기 · 100

WEEK 03 | 지금 스페인 남부로 떠나요!

DAY 11 개인적인 질문하기	¿Hablas inglés? 너는 영어를 할 수 있니?		108 ◆세비야
DAY 12 날씨 표현하기	Hace muy buen tiempo hoy. 오늘 날씨가 아주 좋아.		118 ◆말라가
DAY 13 의향 묻고 답하기	¿Qué quieres comer? 뭐 먹을래?		128 ◆그라나다
DAY 14 방법 가능 여부 묻기	¿Cómo puedo ir a la plaza? 광장까지 어떻게 가지?		138 ◆하엔
DAY 15 완전 익히기			148

WEEK 04 | 지금 스페인 북부로 떠나요!

DAY 16 소유 말하기	Tengo 2boletos para el cine. 나에게 영화표 2장이 있어.	156 ◆라 리오하
DAY 17 이동과 시간 표현하기	Voy a la terminal. 나는 터미널에 가고 있어.	166 ◆산 세바스티안
DAY 18 기호 말하기	¿Te gusta el vino? 너는 와인을 좋아하니?	176 ◆빌바오
DAY 19 몸 상태 말하기	Me duele la cabeza. 나 머리가 아파.	186 ◆산티아고 데 콤포스텔라
DAY 20 완전 익히기		196

맛있는 연습 문제 정답 | 203

학습 플래너

WEEK 01

DAY 01	DAY 02	DAY 03	DAY 04	DAY 05
본책 18–25쪽	본책 26–31쪽	본책 32–41쪽	본책 42–51쪽	본책 52–57쪽
월 일	월 일	월 일	월 일	월 일
발음 • 알파베또 • 모음과 자음 • 발음 특징 • 강세	**특성** • 단어의 성 • 형용사의 성·수 일치 • 관사의 성·수 일치 • 문장부호	**인사하기** • 만나고 헤어질 때 인사 표현 • 축하·감사 등의 기타 인사 표현들	**이름 말하기** • Ser동사의 활용 • Llamarse동사	**완전 익히기** DAY 01~DAY 04 복습

WEEK 02

DAY 06	DAY 07	DAY 08	DAY 09	DAY 10
본책 60–69쪽	본책 70–79쪽	본책 80–89쪽	본책 90–99쪽	본책 100–105쪽
월 일	월 일	월 일	월 일	월 일
국적과 직업 말하기 • Ser동사로 국적, 직업 말하기 • 의문문, 긍정문, 부정문	**안부·상태 묻기** • 안부 묻기 • 상태를 말하는 부사 & 형용사	**길 묻기** • 위치 말하기 • 존재 유무를 나타내는 동사 Hay	**가격 묻기와 숫자** • 가격 묻기 • 숫자(1~100) 표현	**완전 익히기** DAY 06~DAY 09 복습

_20일 만에 완성!_

WEEK 03

DAY 11	DAY 12	DAY 13	DAY 14	DAY 15
본책 108–117쪽	본책 118–127쪽	본책 128–137쪽	본책 138–147쪽	본책 148–153쪽
월 일	월 일	월 일	월 일	월 일
개인적인 질문하기 • 규칙 변화 일반동사 어미 변화 • 정도를 나타내는 부사 표현	**날씨 표현하기** • 불규칙동사 I : 1인칭 단수 불규칙 • 날씨 표현 동사	**의향 묻고 답하기** • 불규칙동사 II : 어간 모음 e→ie 변화형 • 간접목적격 대명사의 활용	**방법과 가능 여부 구하기** • 불규칙동사 II : 어간 모음 o→ue 변화형 • 직접목적격 대명사의 활용	**완전 익히기** DAY 11~DAY 14 **복습**

WEEK 04

DAY 16	DAY 17	DAY 18	DAY 19	DAY 20
본책 156–165쪽	본책 166–175쪽	본책 176–185쪽	본책 186–195쪽	본책 196–201쪽
월 일	월 일	월 일	월 일	월 일
소유 말하기 • 불규칙동사 III : 1인칭 단수 불규칙+어간 모음 변화형 • Tener동사의 관용 표현	**이동과 시간 표현하기** • 이동동사 • 시간 표현	**기호 말하기** • 역구조동사 Gustar • Preferir동사	**몸 상태 말하기** • 아픔 표현 동사 Doler • '~해야 한다'의 표현	**완전 익히기** DAY 16~DAY 19 **복습**

• |스페인어 & 스페인 미리 만나기| •

우리가 공부하는 스페인어는?

*스페인어
이베리아 반도에 사용되는 로망스어군에 속하는 언어로, 언어 인구는 중국어에 이어 제2위에 해당됩니다. 국제연합의 6개 공용어의 하나로 지정되었습니다.

*문자
스페인어 알파벳은 모음 5개, 자음 22개 총 27개로 구성되어 있습니다.

*강세
스페인어는 강세 부호에 따라 단어의 뜻이 달라질 수 있기 때문에 강세가 중요한 의미를 갖는 언어입니다. 스페인어 강세는 반드시 모음에 오는데, 이중모음의 경우 강모음, 연속적인 약모음의 경우 뒤 모음에 강세가 옵니다.

*기본 어순
스페인어 문장의 기본 어순은 우리말과 달리 '주어+서술어+목적어'입니다.

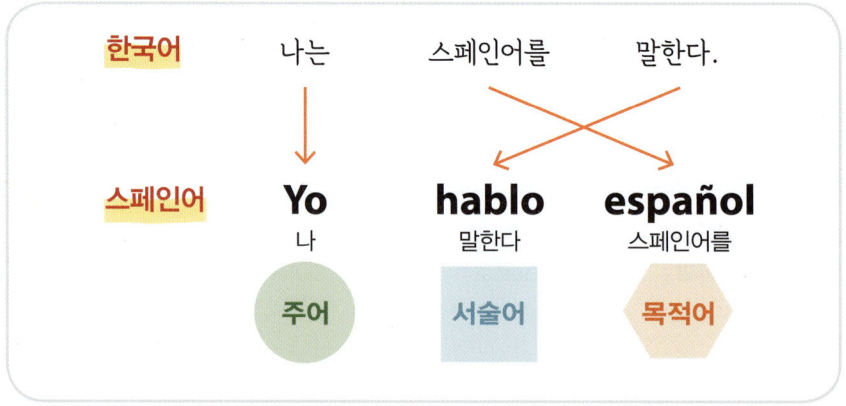

우리가 여행하는 스페인은?

면적
북동쪽으로 프랑스, 서쪽으로는 포르투갈과 인접해 있는 스페인의 면적은 약 5058만 ha로 한국 면적의 5배입니다.

국기
스페인의 국기는 1785년 까를로스 3세(Carlos Ⅲ)가 현재와 같은 두 가지 색깔로 이루어진 국기를 왕령으로 공포하였습니다. 국기의 황금색은 국토를, 적색은 국토를 지킨 피를 상징합니다. 비율은 2:3입니다.

인구
2019년 통계청 기준으로 4644만 명으로 세계 30위입니다.

수도
수도인 마드리드는 유럽에서 가장 높은 곳에 위치했으며, 인구상으로 유럽 4대 도시에 속합니다.

날씨
스페인은 여름에 건조 상태가 심한 지중해성 기후인데, 북서부 지방은 비교적 강수량이 많은 편입니다.

여행 기본 정보
+ **화폐** : 유로
+ **사용 전압** : 220V
+ **시차** : 썸머타임(3월 마지막 일요일에 시작하여 10월 마지막 일요일)에는 7시간, 그 외 8시간
+ **비자** : 관광 목적 90일 무비자

일러두기

1. 학습 편의를 위해 DAY03~DAY11은 스페인어 표준 발음을 기준으로 삼아 발음을 표기하였습니다.

2. 스페인어 발음은 최대한 현지 발음에 가깝게 표기하였습니다. 정확한 발음 학습을 위해 원어민의 실제 발음을 듣고 학습하시길 바랍니다.

3. 인명, 지명 등은 국립국어원의 「외래어표기법」을 기준으로 하였으며, 여행 등의 편리를 위해서 익숙한 지명이나 인명 등은 예외를 두었습니다.

4. 다양한 여행 Tip, 스페언어 Tip 등을 제시하여 좀 더 쉽고 재미있게 스페인어를 학습할 수 있도록 하였습니다.

MP3 파일 구성

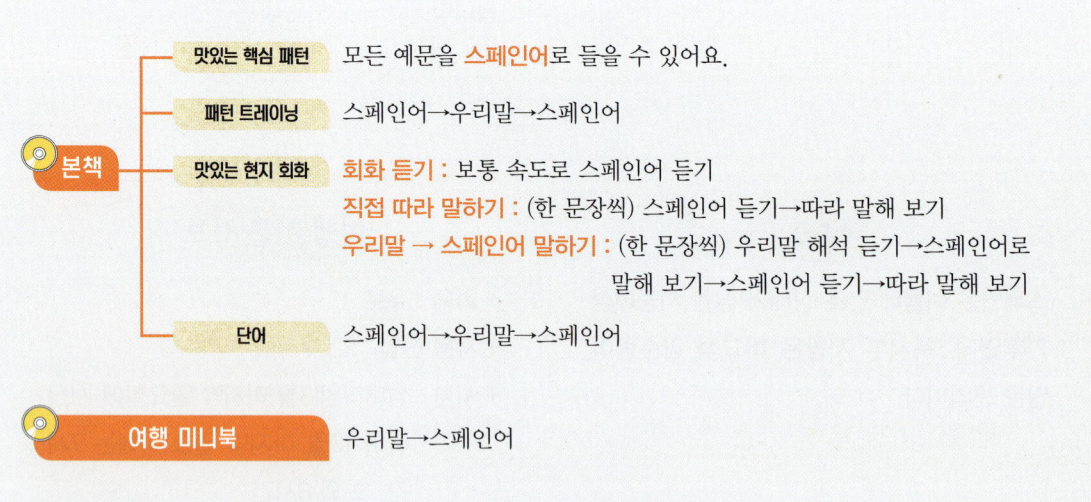

★ **MP3 파일 무료 다운로드**
맛있는북스 홈페이지(www.booksJRC.com)에서 무료로 다운로드 할 수 있습니다.

맛있는 스페인 여행 루트

WEEK 04
WEEK 02
WEEK 01
WEEK 03

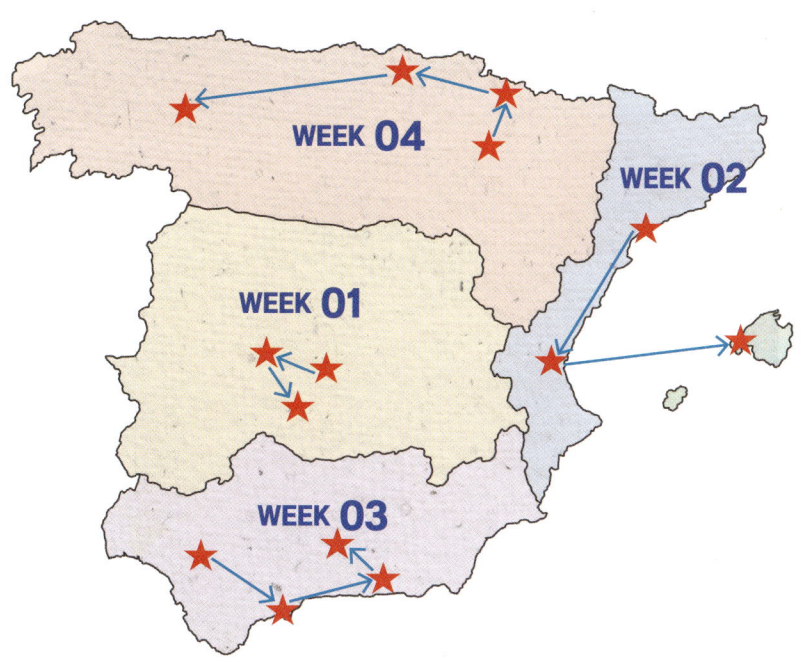

등장인물 소개

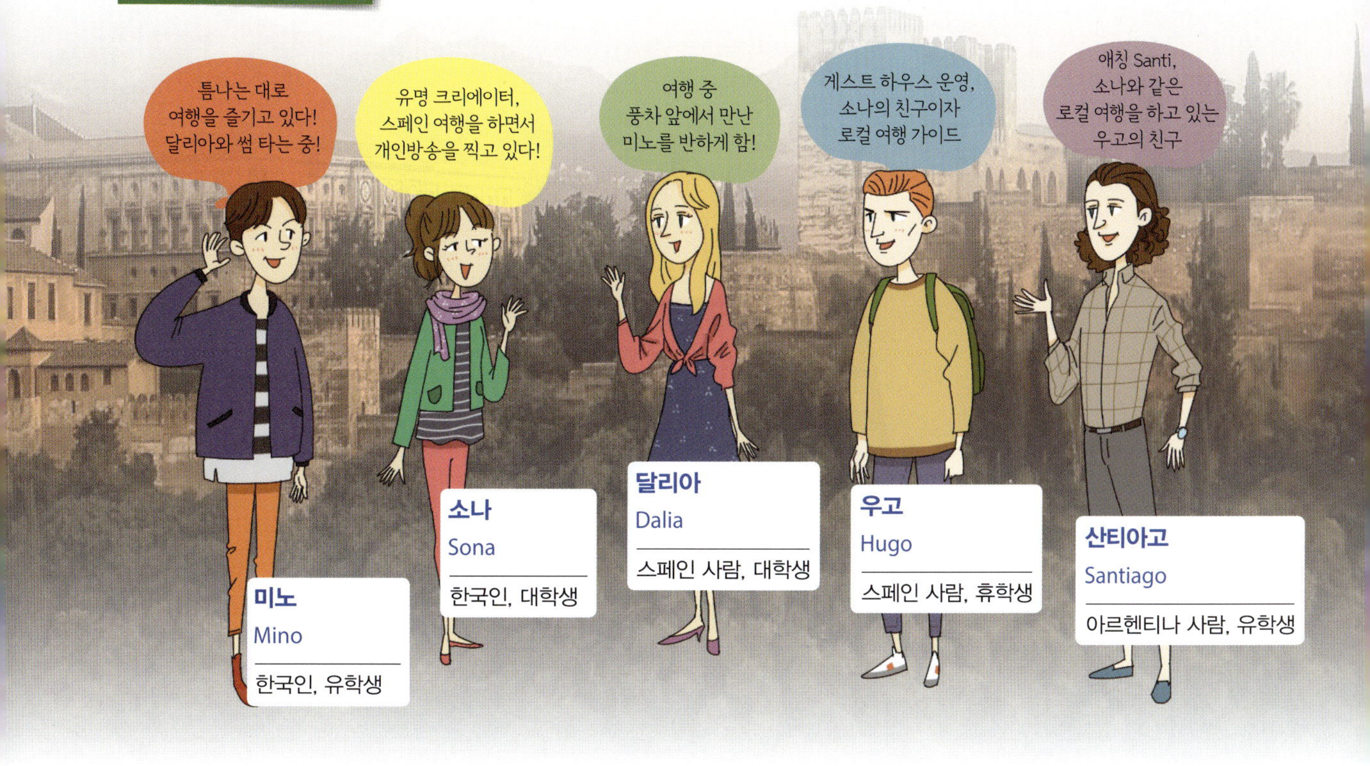

틈나는 대로 여행을 즐기고 있다! 달리아와 썸 타는 중!
유명 크리에이터, 스페인 여행을 하면서 개인방송을 찍고 있다!
여행 중 풍차 앞에서 만난 미노를 반하게 함!
게스트 하우스 운영, 소나의 친구이자 로컬 여행 가이드
애칭 Santi, 소나와 같은 로컬 여행을 하고 있는 우고의 친구
미노
Mino
한국인, 유학생
소나
Sona
한국인, 대학생
달리아
Dalia
스페인 사람, 대학생
우고
Hugo
스페인 사람, 휴학생
산티아고
Santiago
아르헨티나 사람, 유학생

WEEK 01

DAY 01-05

지금 스페인 중부로 떠나요!

이번 주에는?

발음과 특성을 익힌 후 인사하고 이름을 말할 수 있습니다.

- 세고비아
- 마드리드
- 까스띠야 라 만차

스페인의 중부 대표 도시인 마드리드, 세고비아, 까스띠야 라 만차를 여행합니다.

DAY 01~02

마드리드
알파베또와 스페인어의 특성

DAY 01 발음

ALFABETO 알파베또

스페인어의 알파베또는 영어의 알파벳과 비슷한데, 영어에는 존재하지 않는 철자 Ññ [에녜]가 포함되어 총 27자입니다.

Aa [아]	Bb [베]	Cc [쎄]	Dd [데]	Ee [에]
Ff [에페]	Gg [헤]	Hh [아체]	Ii [이]	Jj [호따]
Kk [까]	Ll [엘레]	Mm [에메]	Nn [에네]	Ññ [에녜]
Oo [오]	Pp [뻬]	Qq [꾸]	Rr [에레]	Ss [에쎄]
Tt [떼]	Uu [우]	Vv [우베]	Ww [우베 도블레]	Xx [에끼스]
Yy [이 그리에가]	Zz [쎄따]			

> **알파베또 CH [체] LL [에예]**
>
> CH, LL는 독립된 철자가 아니라 각각 C, L에 속한 것으로 분류되어서 공식 철자에 포함되어 있지 않지만 실제 단어에 많이 사용되는 '자음 철자'입니다.

 ## 모음과 자음

1. 모음

스페인어 모음은 A 아, E 에, I 이, O 오, U 우 5자입니다.

Track 01-02

Aa	Ee	Ii	Oo	Uu
[아]	[에]	[이]	[오]	[우]

2. 자음

Track 01-03

Bb [ㅂ] 베

ba 바 be 베 bi 비 bo 보 bu 부

bebé 아기 [베베]   autobús 버스 [아우또부스]

Cc [ㄲ, ㅆ] 쎄

ca 까 co 꼬 cu 꾸 ce 쎄 ci 씨

스페인에서는 ce, ci를 영어의 [θ]와 같이 발음하고, 중남미에서는 [ㅆ]으로 발음합니다.

casa 집 [까사]   gracias 감사합니다 [그라시아스]

CHch [ㅊ] 체

cha 차 che 체 chi 치 cho 초 chu 추

chocolate 초콜렛 [초꼴라떼]   chico 청년 [치꼬]   chica 청년 (여성) [치까]

Dd [ㄷ] 데

da 다 de 데 di 디 do 도 du 두

단어 맨 끝에서의 'd'는 받침소리로 발음됩니다.

Dios 신 [디오스]   dinero 돈 [디네로]   ciudad 도시 [씨우닷]

Ff
[ㅍ] 에페

fa 파 fe 페 fi 피 fo 포 fu 푸
ㅍ과 ㅎ의 중간 발음, 영어의 f처럼 발음합니다.

café 커피	foto 사진	fruta 과일
[까페]	[포또]	[프루따]

Gg
[ㄱ, ㅎ] 헤

ga 가 go 고 gu 구 ge 헤 gi 히
스페인어의 모든 [ㅎ]는 목구멍 안쪽에서부터 나오는 소리로 아주 강하게 발음합니다.

agua 물	Argentina 아르헨티나
[아구아]	[아르헨띠나]

g는 이중모음 ue, ui와 함께 gue, gui로 많이 쓰이고 이때의 발음은 [게], [기]로 합니다. 이 중모음 위에 ¨(디에레시스)가 찍힌 경우에는 [구에], [구이]로 발음합니다.

guitarra 기타	pingüino 펭귄
[기따ㄹ라]	[삥구이노]

Hh
[묵음] 아체

ha 아 he 에 hi 이 ho 오 hu 우

hola 안녕, 안녕하세요	helado 아이스크림	hospital 병원
[올라]	[엘라도]	[오스삐딸]

Jj
[ㅎ] 호따

ja 하 je 헤 ji 히 jo 호 ju 후
ge, gi와 같이 강한 [ㅎ]으로 발음합니다.

jirafa 기린	mujer 여자
[히라파]	[무헤르]

Kk
[ㄲ] 까

ka 까 ke 께 ki 끼 ko 꼬 ku 꾸
k는 외래어 표기할 때 쓰이고, 스페인어 단어에는 k가 쓰이지 않습니다.

kilo 킬로	kiwi 키위
[낄로]	[끼위]

Ll
[ㄹ] 엘레

la 라 le 레 li 리 lo 로 lu 루
l은 받침소리로도 사용됩니다.

libro 책	léon 사자
[리브로]	[레온]

Ll ll
[이] 에예

lla 야 **lle** 예 **lli** 이 **llo** 요 **llu** 유
l이, a아가 만나 [야]에 가깝게 빠르게 발음됩니다. 국가와 지역에 따라 [이] 또는 [지], [시]로 발음합니다.

lluvia 비 [유비아]   **calle** 길, 거리 [까예]   **Sevilla** 세비야(스페인의 도시) [세비야]

Mm
[ㅁ] 에메

ma 마 **me** 메 **mi** 미 **mo** 모 **mu** 무

madre 엄마 [마드레]   **amigo** 친구 [아미고]

Nn
[ㄴ] 에네

na 나 **ne** 네 **ni** 니 **no** 노 **nu** 누
받침 소리가 될 때는 'ㅇ'처럼 발음합니다.

nombre 이름 [놈브레]   **naranja** 오렌지 [나랑하]

Ññ
[니] 에녜

ña 냐 **ñe** 녜 **ñi** 니 **ño** 뇨 **ñu** 뉴
ñ니, a아 가 만나 [냐]에 가깝게 발음됩니다.

España 스페인 [에스빠냐]   **español** 스페인어 [에스빠뇰]   **baño** 화장실 [바뇨]

Pp
[ㅃ] 뻬

pa 빠 **pe** 뻬 **pi** 삐 **po** 뽀 **pu** 뿌

padre 아빠 [빠드레]   **mapa** 지도 [마빠]

Qq
[ㄲ] 꾸

que 께 **qui** 끼
q는 오직 이중모음 ue, ui와 함께 쓰입니다.

queso 치즈 [께소]   **tequila** 데낄라 [떼낄라]

Rr
[ㄹ, ㄹㄹ] 에레

ra 라 **re** 레 **ri** 리 **ro** 로 **ru** 루
첫 글자 'r' 또는 연속해서 두 번 'rr' 나란히 오는 경우에는 'ㄹㄹ~' 혀를 굴려 발음합니다.

grande 큰 [그란데]   **rosa** 장미 [ㄹ로사]   **arroz** 쌀, 밥 [아ㄹ로스]

Ss
[ㅅ] 에쎄

sa 사 **se** 세 **si** 시 **so** 소 **su** 수
발음하다 보면 자연스레 어휘에 따라 [ㅅ]보다 강한 [ㅆ]소리가 나기도 합니다.

secreto 비밀 [세끄레또]
señorita 아가씨 [세뇨리따]

Tt
[ㄸ] 떼

ta 따 **te** 떼 **ti** 띠 **to** 또 **tu** 뚜

tango 탱고 [땅고]
tiempo 시간 [띠엠뽀]

Vv
[ㅂ] 우베

va 바 **ve** 베 **vi** 비 **vo** 보 **vu** 부

viaje 여행 [비아헤]
verano 여름 [베라노]

Ww
[우] 우베 도블레

w는 외래어 표기자입니다. 영어의 w처럼 발음하면 됩니다.

whisky 위스키 [위스끼]
wi-fi 와이파이 [위피], [와이파이]

X
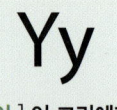

x는 모음 앞에서는 [ㅅ], 모음 바로 뒤에서는 [ks], 오래된 지명 같은 토착어의 영향을 받은 단어들은 [ㅎ]으로 발음합니다.

xilófono 실로폰 [실로포노]
taxi 택시 [딱시]
México 멕시코 [메히꼬]

Yy
[이] 이 그리에가

ya 야 **ye** 예 **yi** 이 **yo** 요 **yu** 유
국가와 지역에 따라 [이] 또는 [지], [시]로 발음합니다.

ayer 어제 [아예르]
yate 요트 [야떼]
hoy 오늘 [오이]

Zz
[ㅆ] 쎄따

za 싸 **ze** 쎄 **zi** 씨 **zo** 쏘 **zu** 쑤
ce, ci와 마찬가지로 스페인에서는 [θ]로 발음하고, 중남미에서는 [ㅆ]으로 발음합니다.

Venezuela 베네수엘라 [베네쑤엘라]
plaza 광장 [쁠라싸]

 ## 영어와 다른 스페인어 발음 특징

Track 01-04

스페인어는 영어와 발음이 비슷해서 쉽게 배울 수 있기도 하지만 때로는 혼동을 야기하기도 합니다.

1. 거센 소리는 모두 된소리로 발음합니다. (Ff 제외)

casa blanca [카사 블랑카] X → [까싸 블랑까] O
하얀 집

popular [포풀라르] X → [뽀뿔라르] O
인기있는, 대중적인

teléfono [텔레포노] X → [뗄레포노] O
전화기

2. 모든 모음의 음가를 정확하게 발음합니다. (이중모음 ue, ui 제외)

auto [오토] X → [아우또] O
자동차

especial [이스페셜] X → [에스뻬씨알] O
특별한

posible [포시블] X → [뽀씨블레] O
가능한

 ## 발음의 완성 '강세 acento'

강세는 '세게' 읽기보다 강세가 위치한 음절을 조금 높은 음으로 읽습니다. 강세 위치를 표시할 때 쓰이는 부호(´) 는 'tilde [띨데]'라 부릅니다.

1. 모음 또는 자음 n, s로 끝나는 단어는 뒤에서 두 번째 모음에 강세가 있습니다.

b**a**nco [방꼬]
은행

manz**a**na [만싸나]
사과

j**o**ven [호벤]
젊은, 젊은이

pantal**o**nes [빤딸로네스]
바지

2. 자음으로 끝나는 단어(n, s 제외)는 맨 마지막 모음에 강세가 있습니다.

Madr**i**d [마드릿]
마드리드

pap**e**l [빠뻴]
종이

lic**o**r [리꼬르]
술

fel**i**z [펠리스]
행복한

3. 강세의 위치가 띨떼(´)로 별도 표기된 단어는 위의 1, 2번 강세 규칙에 어긋남을 뜻합니다. 즉 불규칙한 강세를 가지고 있습니다.

árbol [아르볼]
나무

at**ú**n [아뚠]
참치

az**ú**car [아쑤까르]
설탕

l**á**piz [라삐스]
연필

맛있는 연습 문제

1 녹음을 잘 듣고 따라 읽어 보세요.

① Gg　　Nn　　Ss　　Xx　　Yy　　Jj　　CHch　　Qq

② Aa　　Ee　　Ii　　Oo　　Uu

③ español　foto　calle　hoy　taxi

④ casa　blanca　banco　licor　plaza　viaje

2 녹음을 잘 듣고 단어의 강세 부분에 (´)를 표시하세요.

① manzana　　papel　　azucar

② joven　　lapiz　　feliz

③ atun　　Madrid　　pantalones

3 녹음을 잘 듣고 알맞은 발음을 고르세요.

① árbol ( )　　　② hoy ( )　　　③ señorita ( )
　 albul ( )　　　　 hoe ( )　　　　 ceñolita ( )

④ diempo ( )　　⑤ ñommbre ( )　⑥ mujer ( )
　 tiempo ( )　　　 nombre ( )　　　 muhere ( )

DAY 01　발음　25

DAY 02 스페인어 기본 특성

 **단어의 성**

스페인어의 모든 명사는 성(性)을 가지고 있습니다. 성별은 단어의 어미 형태에 따라 결정됩니다.

남성어미		여성어미	
-o	coreano 한국인(남자) [꼬레아노] libro 책 [리브로]	-a	coreana 한국인(여자) [꼬레아나] mesa 책상 [메싸]
-자음	animal 동물 [아니말] amor 사랑 [아모르]	-ad/-z	universidad 대학교 [우니베르씨닷] paz 평화 [빠쓰]
-ma/-n	idioma 언어 [이디오마] león 사자 [레온]	-ión/-umbre	información 정보 [인포르마씨옹] costumbre 관습 [꼬스뚬브레]

✓ **사람과 관련된 단어들의 성 변화**

① '-o'로 끝나는 단어는 어미를 '-a'로 바꿔줍니다.

mexicano 멕시코인(남자) → mexicana 멕시코인(여자)
[메히까노]   [메히까나]

médico 의사(남자) → médica 의사(여자)
[메디꼬]   [메디까]

❷ '-자음'으로 끝나는 단어는 어미에 'a'를 더해줍니다.

español 스페인인(남자) → **española** 스페인인(여자)
[에스빠뇰]　　　　　　　　　　[에스빠뇰라]

profesor 선생님(남자) → **profesora** 선생님(여자)
[쁘로페소르]　　　　　　　　　[쁘로페소라]

❸ '-e, -ista'로 끝나는 단어는 대부분 남성형 여성형이 같습니다.

estudiante 학생(남/여)　　**pianista** 피아니스트(남/여)
[에스뚜디안떼]　　　　　　　　[삐아니스따]

❹ 남성형, 여성형이 완전 다른 예외도 많습니다.

padre 아빠　　↔　　**madre** 엄마
[빠드레]　　　　　　　　　　　[마드레]

actor 배우(남자)　↔　**actriz** 배우(여자)
[악또르]　　　　　　　　　　　[악뜨리쓰]

형용사의 성·수 일치

형용사는 명사의 성을 기준으로 남성형 또는 여성형으로 쓰이며 기본적으로 단어 뒤에 놓입니다. 그러나 뜻에 따라 명사의 앞에 놓이는 경우도 있습니다. '-o'는 남성 어미, '-a'는 여성 어미이며, '-e' 또는 '-자음'의 어미를 가진 형용사는 남성·여성형이 같습니다.

chico guapo 잘생긴 청년　　　**chica guapa** 예쁜 아가씨
[치꼬 구아뽀]　　　　　　　　　　[치까 구아빠]

chico amable 친절한 청년　　　**chica amable** 친절한 아가씨
[치꼬 아마블레]　　　　　　　　　[치까 아마블레]

chico popular 인기있는 청년　　**chica popular** 인기있는 아가씨
[치꼬 뽀뿔라르]　　　　　　　　　[치까 뽀뿔라르]

✓ 단수 ⇒ 복수 만들기 규칙

모음으로 끝나는 단어는 어미에 '-s'를, 자음으로 끝나는 단어는 어미에 '-es'를 붙입니다.

chicos guapos 잘생긴 청년들
[치꼬스 구아뽀스]

chicas guapas 예쁜 아가씨들
[치까스 구아빠스]

chicos amables 친절한 청년들
[치꼬스 아마블레스]

chicas amables 친절한 아가씨들
[치까스 아마블레스]

chicos populares 인기있는 청년들
[치꼬스 뽀뿔라레스]

chicas populares 인기있는 아가씨들
[치까스 뽀뿔라레스]

명사가 복수면 수식하는 형용사도 복수형이 되어야 합니다. 이를 **성·수 일치** 라고 합니다.

 ## 관사의 성·수 일치

스페인어의 관사는 영어와 마찬가지로 정관사와 부정관사로 나뉩니다. 성·수 일치는 명사와 형용사뿐만 아니라 관사와 명사 사이에서도 일어납니다.

① 정관사: 서로 인지하고 있는 특정 대상 앞에 쓰여서 명사의 성별을 구분해주는 역할을 합니다.

정관사	단수	복수
남성	el	los
여성	la	las

el chico guapo 그 잘생긴 청년

los chicos guapos 그 잘생긴 청년들

la chica guapa 그 예쁜 아가씨

las chicas guapas 그 예쁜 아가씨들

❷ 부정관사: 가정하거나, 불특정한 대상 앞에 쓰입니다.

부정관사	단수	복수
남성	un	unos
여성	una	unas

un chico amable 한 착한 청년

unos chicos amables 몇몇의 착한 청년들

una chica amable 한 착한 아가씨

unas chicas amables 몇몇의 착한 아가씨들

 문장 부호

스페인어는 물음표와 느낌표를 쓸 때 문장의 앞뒤로 써줍니다. 문장 앞에는 거꾸로 된 부호(¿, ¡)를, 끝에는 정방향의 부호(?, !)를 씁니다.

¡Hola! 안녕!
[올라]

¿Cómo estás? 어떻게 지내니?
[꼬모 에스따스]

맛있는 연습 문제

1 주어진 단어를 듣고, 남성형은 여성형을, 여성형은 남성형을 써넣으세요.

남성형		여성형
① coreano	→	_____
② profesor	→	_____
③ _____	→	médica
④ _____	→	estudiante
⑤ padre	→	_____

2 주어진 어휘를 듣고, 복수형으로 만들어 보세요.

① una chica amable → _____

② el chico guapo → _____

③ la chica guapa → _____

3 우리말에 맞는 관사를 써넣으세요.

① _____ chicos guapos 그 잘생긴 청년들

② _____ chica amable 한 착한 아가씨

③ _____ chicos amables 몇몇의 착한 청년들

④ _____ chica guapa 그 예쁜 아가씨

지금 떠나는 여행 속 스페인
España

Madrid
마드리드

마드리드는 수도로 지정된 1556년 이래 스페인의 과거와 현재, 그리고 새로운 '멋'을 주도하는 도시입니다. 수백 년간 웅장한 교회와 성, 아름다운 미술관과 박물관, 유명 레스토랑이 넘쳐나는 도시로 성장해 왔습니다. 마드리드는 고풍스러운 건축물들 사이로 현대적이고 세련된 상점들이 조화롭게 어우러지는 것을 볼 수 있습니다. 지리적으로 스페인 내륙의 정중앙에 위치해 있어 모든 교통 수단의 요충지입니다. 여행자들은 도시간 이동을 위해 반드시 거치게 되는 도시 중 하나입니다.

마드리드, 추천 여행 코스!!

마드리드 왕궁

화려함에 한 번, 규모에 두 번 놀라움의 연속인 아름다운 **마드리드 왕궁**입니다.

보까디요

국민 간식 스페인식 샌드위치 **보까디요**입니다. 딱딱한 바게트에 하몽 또는 건조된 소시지를 듬뿍 넣고 먹는 것이 큰 특징입니다.

프라도 미술관

고야, 벨라스케스 등 스페인 유명 화가들의 작품을 감상할 수 있는 **프라도 미술관**은 그 규모와 수준으로 세계 정상급 미술관 중 하나로 꼽힙니다.

DAY 03 인사하기

올라   부에노스   디아스
¡Hola, buenos días!
안녕, 좋은 아침이야!

- **스페인어의 자음**

  스페인어만의 특별한 철자 Ñ, 그리고 CH, LL

  > 스페인에서만 쓰이는 철자 Ñ과 보너스 철자 CH, LL!

- **스페인어의 모음**

  모음은 딱 5개! Aa Ee Ii Oo Uu

  > 모음 값에 영향을 주는 Ñ, LL, Y 주의!

세고비아는 스페인 중부 까스띠야 이 레온 지방 세고비아 주의 주도입니다. 평균 고도 1000m의 고원 지대에 위치해 있으며 면적은 163.59km², 인구는 약 15만 명입니다. 기원전 1세기 말부터 로마의 식민지였으나 11세기 이슬람 세력에 의해 함락되었습니다. 그 영향으로 로마수도교와 같은 로마네스크 양식과 아랍식 건축 양식이 공존하는 것이 이 도시의 매력입니다.

- 소나가 스페인 친구 우고와 첫인사를 나눕니다.
- 오늘의 스토리 회화를 미리 들어보세요.

☆ 만나고 헤어질 때의 인사 표현

☆ 축하, 감사 등의 기타 인사 표현

핵심 패턴

01 올라 부에노스 디아스
¡Hola, buenos días! 안녕, 좋은 아침이야.

02 아디오스 아스따 루에고
¡Adiós, hasta luego! 잘 가, 나중에 보자.

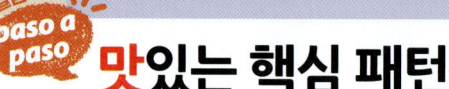 맛있는 핵심 패턴

01

올라   부에노스   디아스
¡Hola, buenos días! 안녕, 좋은 아침이야!

✓ 만났을 때 인사 표현

'¡Hola!'는 '안녕, 안녕하세요?'의 의미로 남녀노소 누구에게나 가리지 않고 건넬 수 있는 인사말입니다. 스페인어권의 인사 문화는 영미권과 동일합니다. 시간대 별(아침, 점심, 저녁) 인사가 다르고, '어떻게 지내니?'라고 안부를 묻는 것도 같습니다.

¡Bienvenido! 환영해요.

스페인어에서 느낌표(¡,!), 물음표(¿,?)는 문장 앞,뒤로 쓰는데 문장 앞에 놓일 때는 뒤집힌 형태로 씁니다.

✓ 기타 만났을 때의 인사 표현: '만나서 반가워'

무초   구스또   엔깐따도   다
Mucho gusto. Encantado/a. 만나서 반가워

Mucho gusto와 Encantado/a는 같은 뜻입니다. 둘 중 하나만 써도 되고, 자연스럽게 이어서 말해도 됩니다.

'Mucho gusto'가 형태를 변화하지 않는 반면에, 'Encantado/a'는 말하는 사람의 성별에 따라 어미를 구분해야 하므로 주의해야 합니다.

단어

bueno/a 좋은

(el) día 날, 하루

 여행 TIP

알카사르
Alcázar

스페인의 많은 도시에서 알카사르 유적을 볼 수 있습니다. 과거 800년 간의 아랍 통치의 흔적인 '알카사르'는 아랍어로 '궁전'이라는 뜻입니다. 뾰족한 모양의 첨탑을 가진 세고비아 알카사르는 월트 디즈니사의 여러 만화에 등장하는 성의 모델이 된 것으로 잘 알려져 있습니다.

 주어진 표현을 듣고 따라 해 보세요.

01

올라　　부에노스　　디아스
¡Hola, buenos días!　안녕, 좋은 아침이야!

올라　　부에나스　　따르데스
¡Hola, buenas tardes!　안녕, 좋은 오후야!

올라　　부에나스　　노체스
¡Hola, buenas noches!　안녕, 좋은 밤이야! (또는 잘 자 'good night'의 의미)

올라　　무초　　구스또
¡Hola, mucho gusto!　안녕, 만나서 반가워!

단어　• (la) tarde 오후　• (la) noche 저녁

02

비엔베니도
¡Bienvenido!　환영해요! (상대가 남자 한 명일 때)

비엔베니다
¡Bienvenida!　환영해요! (상대가 여자 한 명일 때)

비엔베니도스
¡Bienvenidos!　환영해요! (상대가 복수 남성이거나 혼성일 때)

비엔베니다스
¡Bienvenidas!　환영해요! (상대가 복수 여성일 때)

02

아디오스 　　아스따　　루에고
¡Adiós, hasta luego! 잘 가, 나중에 보자.

✓ 헤어질 때 인사 표현

'¡Adiós! 잘 가'는 '¡Hasta luego! 나중에 보자'와 같은 표현을 함께 쓸 수 있습니다. Hasta 뒤에는 'pronto 곧,' 'mañana 내일' 등 시간 표현을 넣을 수도 있습니다.

단어
- luego 나중에, 다음 번
- pronto 곧
- (la) mañana 내일
- (la) suerte 행운
- (el) viaje 여행

· 그 외 헤어질 때의 인사:

　수에르떼
¡Suerte! 행운을 빌어!

　부엔　　비아헤
¡Buen viaje! 좋은 여행 되세요.

✓ 다양한 인사 표현: 감사, 사과, 축하

· 감사

　　　(무차스)　　　그라시아스
A (Muchas) Gracias. 대단히 감사합니다.

　　　데　　나다
B De nada. 천만에요.

· 사과

　뻬르돈
Perdón. 미안해요. (비교적 가벼운 의미)

　로　　시엔또
Lo siento. 죄송합니다.

· 축하

　펠리시다데스
Felicidades. 축하해요.

　펠리스　　꿈쁠레아뇨스
Feliz cumpleaños. 생일 축하해요.

 스페인어 TIP

'잘 가'라는 의미로 스페인에서는 주로 ¡Adiós!를 사용하고, 중남미에서는 ¡Chao!를 많이 씁니다. 스페인어권 국가들은 나라별로 사용하는 어휘와 억양(악센트)가 조금씩 다르지만 서로 소통하는 데에는 큰 문제가 없습니다.

 주어진 표현을 듣고 따라 해 보세요.

03

아디오스 아스따 루에고
¡Adiós, hasta luego! 잘 가, 나중에 보자.

아디오스 아스따 마냐나
¡Adiós, hasta mañana! 잘 가, 내일 보자!

아디오스 아스따 쁘론또
¡Adiós, hasta pronto! 잘 가, 곧 보자!

아디오스 아스따 아오라
¡Adiós, hasta ahora! 잘 가, 곧 보자! (아주 가까운 시간 내에 다시 볼 것을 의미)

단어 • ahora 지금

04

수에르떼
¡Suerte! 행운을 빌어!

노스 베모스
¡Nos vemos! 또 보자!

꾸이다떼
¡Cuídate! 몸 조심해!

께 떼 바야 비엔
¡Que te vaya bien! 잘 지내길 바라!

단어 • bien 잘

DAY 03 안녕, 좋은 아침이야! 37

 **맛있는 현지 회화**

☀ 소나가 스페인 친구 우고와 첫인사를 나눕니다.

Hugo
올라　부에노스　디아스
¡Hola, buenos días!

Sona
올라　부에노스　디아스
¡Hola, buenos días!

Hugo
아디오스　아스따　루에고
¡Adiós, hasta luego!

Sona
아디오스　아스따　쁘론또
¡Adiós, hasta pronto!

단어

- bueno/a 좋은
- luego 나중에, 다음 번
- (el) día 날, 하루
- pronto 곧

우고   안녕, 좋은 아침이야!

소나   안녕, 좋은 아침이야!

우고   잘 가, 나중에 보자!

소나   잘 가, 곧 보자!

맛있는 회화 TIP

오후와 저녁의 경계는 몇 시? 길게 쓰는 'Buenas tardes'

스페인어는 오전(Buenos días), 오후(Buenas tardes), 저녁(Buenas noches) 인사를 구분합니다. 그런데 '스페인 사람들의 오후'는 '우리 나라 사람들의 오후'보다 더 깁니다. 절기 별로 해의 길이에 따라 차이가 있겠지만 7~8시까지 오후 인사를 사용하는 것이 어색하지 않습니다. 오후(afternoon) 뿐만 아니라 초저녁(evening)에 모두 'Buenas tardes'를 쓸 수 있습니다.

맛있는 연습 문제

1 녹음을 잘 듣고 대화를 완성하세요.

A ¡ _____ , buenos días!

B ¡Hola, _____ !

A ¡ _____ , hasta luego!

B ¡Adiós, hasta _____ !

2 우리말에 알맞은 스페인어를 쓴 뒤, 큰 소리로 읽어 보세요.

① 좋은 오후입니다.

   _____

② 좋은 밤입니다. / 잘 자.

   _____

3 다음 상황에 적절한 인사 표현을 써넣으세요.

①

_____

②

_____

지금 떠나는 여행 속 스페인
España

Segovia
세고비아

　도시 전체가 유네스코 세계 문화 유산으로 등재된 세고비아는 1세기 로마 시대의 영광을 보여주는 '로마 수로교'와 14세기에 건설된 이슬람 시대의 성이 공존하는 곳입니다. 이베리아 반도의 과거를 압축해 놓은 역사의 보고 같은 도시입니다. 수도인 마드리드에서 1시간 거리의 근교 도시이니 당일치기 여행 코스로도 제격입니다. 세고비아는 돼지고기 요리로 유명합니다. 꼭 먹어 봐야 할 음식은 바로 새끼 돼지 통구이 'Cochinillo 꼬치니요' 입니다.

세고비아, 추천 여행 코스!!

로마 수로교

무려 894m가 이어진 로마시대의 건축물인 로마 수로교는 15km나 떨어진 산의 물을 도시까지 끌어왔던 로마인들의 건축 기술을 엿볼 수 있습니다.

폰체 세고비아노

스폰지 케이크 위에 설탕가루와 '폰체 Ponche' 라는 음료를 뿌린 부드럽고 달콤한 전통 디저트 폰체 세고비아노도 유명합니다.

꼬치니요 (Cochinillo)

젖을 떼기 이전의 새끼 돼지를 통으로 구워 내는 꼬치니요. 접시로 고기를 자를 수 있을 만큼 육질이 부드럽습니다.

DAY 04 이름 말하기

¿Cómo te llamas?
꼬모 떼 야마스

네 이름이 뭐니?

 **지난 학습** 다시 보기

◆ **만났을 때의 인사**

¡Buenos días! 좋은 아침이야!

> 스페인어는 오전, 오후(buenas tardes), 저녁(buenas noches) 인사를 구분합니다.

◆ **헤어질 때의 인사**

¡Adiós, hasta luego! 잘 가, 나중에 보자!

> hasta pronto 곧 보자, hasta mañana 내일 보자 등으로 응용할 수 있습니다.

여행할 곳 미리 보기

까스띠야 라 만차 지방은 면적 79,463km², 약 200만 인구가 거주하는 스페인 중남부의 자치 지방입니다. 돈 키호테의 배경이 되었던 풍차의 도시 '콘수에그라'가 이 지방에 위치해 있습니다. 초원과 풍차, 그리고 바람으로 유명합니다. 여기저기서 불어오는 많은 바람이 라 만차의 풍차를 쉴 새 없이 돌립니다. 역사적으로 중요한 스페인의 옛 수도 '톨레도' 또한 꼭 가봐야 하는 곳입니다.

TODAY 스토리 회화

- 미노와 달리아가 서로 이름을 묻고 답하며 자신을 소개합니다.
- 오늘의 스토리 회화를 미리 들어보세요.

스토리 미리 듣기 Track 04-01

TODAY 학습 포인트

⭐ 영어의 be동사와 같은 Ser동사의 활용 '~이다'

⭐ 이름을 말하는 동사 Llamarse '~라고 불리다'

TODAY 핵심 패턴

Track 04-02

03 요 소이 미노
Yo soy Mino. 나는 미노야.

04 꼬모 떼 야마스
¿Cómo te llamas? 네 이름이 뭐니?

맛있는 핵심 패턴

03

요 소이 미노
Yo soy Mino. 나는 미노야.

✓ Ser동사 '~이다'

영어 be동사에 해당하는 스페인어 동사는 Ser입니다. 주격 인칭대명사와 Ser동사의 변화를 함께 살펴봅시다.

단어

Juan 후안 (스페인어 남자 이름)

• Ser동사 변화

인칭대명사	동사	인칭대명사	동사
Yo 나	soy	Nosotros/-as 우리들	somos
Tú 너	eres	Vosotros/-as 너희들	sois
Él 그/Ella 그녀 Usted(Ud.) 당신	es	Ellos 그들/Ellas 그녀들 Ustedes(Uds.) 당신들	son

* 복수형 인칭대명사는 대상이 모두 남자이거나 남녀 혼성인 경우 -os형을, 모두 여성인 경우에는 -as형을 씁니다.

요 소이 소나
Yo soy Sona. 나는 소나야.

뚜 에레스 후안
Tú eres Juan. 너는 후안이다.

엘 에스 까를로스
Él es Carlos. 그는 까를로스이다.

스페인어 TIP

우리말과 마찬가지로 스페인어에는 존칭이 존재합니다. tú(너)와 usted(당신), vosotros(너희들)과 ustedes(여러분)을 존칭에 따라 구분합니다. Usted과 Ustedes는 문어체에서 각각 Ud., Uds.로 축약형을 쓰기도 합니다.

부정문을 만들 때는 동사 앞에 'no'만 붙여주면 됩니다.

요 소이 소나
Yo soy Sona. 나는 소나야.

요 노 소이 소나
→ Yo no soy Sona. 나는 소나가 아니야.

 주어진 표현을 듣고 따라 해 보세요.

01

요 소이 소나
Yo soy Sona.   나는 소나다.

뚜 에레스 소나
Tú eres Sona.   너는 소나다.

에야 에스 소나
Ella es Sona.   그녀는 소나다.

미 아미가 에스 소나
Mi amiga es Sona.   내 친구는 소나다.

단어
- mi 나의
- amigo/a 친구

02

요 노 소이 소나
Yo no soy Sona.   나는 소나가 아니다.

뚜 노 에레스 소나
Tú no eres Sona.   너는 소나가 아니다.

에야 노 에스 소나
Ella no es Sona.   그녀는 소나가 아니다.

미 아미가 노 에스 소나
Mi amiga no es Sona.   내 친구는 소나가 아니다.

04

꼬모　떼　야마스
¿Cómo te llamas? 네 이름이 뭐니?

✓ 스페인어로 이름 묻기

의문사 Cómo(어떻게)와 동사 llamarse(~라고 불리다)를 활용해 이름을 묻고 답할 수 있습니다.

단어
cómo 어떻게
llamarse ~라고 불리다

• **Llamarse 동사 변화**

인칭대명사	동사	인칭대명사	동사
Yo 나	메 야모 me llamo	Nosotros/-as 우리들	노스 야마모스 nos llamamos
Tú 너	떼 야마스 te llamas	Vosotros/-as 너희들	오스 야마이스 os llamáis
Él 그/Ella 그녀 Usted (Ud.) 당신	세 야마 se llama	Ellos 그들/Ellas 그녀들 Ustedes (Uds.) 당신들	세 야만 se llaman

꼬모　떼　야마스
¿Cómo te llamas? 네 이름이 뭐니? (너는 어떻게 불리니?)

메　야모　달리아
Me llamo Dalia. 내 이름은 달리아야. (나는 달리아라고 불려.)

= Yo soy Dalia.

여행 TIP

만체고 치즈
Queso Manchego

이탈리아에 파마산이 있다면 스페인에는 께소 만체고가 있습니다! 스페인 치즈 중 단연 최고로 꼽히는 '께소 만체고'는 돈키호테의 고향 'La Mancha 라 만차' 지역에서 생산된 양유로 만든 치즈입니다.

 주어진 표현을 듣고 따라 해 보세요.

03

꼬모　세　야마　우스뗏
¿Cómo se llama Ud.?　당신의 이름이 무엇입니까?

꼬모　세　야마　엘
¿Cómo se llama él?　그의 이름이 무엇입니까?

꼬모　세　야마　에야
¿Cómo se llama ella?　그녀의 이름이 무엇입니까?

꼬모　세　야마　에스또
¿Cómo se llama esto?　이것의 이름이 무엇입니까?

단어　• esto 이것

04

메　야모　달리아
Me llamo Dalia.　내 이름은 달리아입니다.

떼　야마스　달리아
Te llamas Dalia.　네 이름은 달리아입니다.

우스뗏　세　야마　달리아
Ud. se llama Dalia.　당신의 이름은 달리아입니다.

미　노비아　세　야마　달리아
Mi novia se llama Dalia.　내 여자친구 이름은 달리아입니다.

단어　• mi 나의　• novia 여자친구

 **맛있는 현지 회화**

☀️ 미노와 달리아의 첫만남! 서로 이름을 말하고 소개합니다.

Mino
　　　　요　소이　미노
　　　　Yo soy Mino.

　　　　꼬모　떼　야마스
　　　　¿Cómo te llamas?

Dalia
　　　　메　야모　달리아
　　　　Me llamo Dalia.

　　　　무초　구스또　엔깐따다
　　　　Mucho gusto. Encantada.

단어

- soy 나는 ~이다
- te llamas 네가 불리다
- encantada 만나서 반가워 (말하는 사람이 남자일때는 '-o')
- cómo 어떻게
- mucho gusto 만나서 반가워

미노	나는 미노야.
	네 이름은 뭐니?
달리아	나는 달리아야.
	만나서 반가워.

맛있는 회화 TIP

주어를 생략하는 스페인어

스페인어는 하나의 동사가 인칭에 따라 무려 6가지 형태로 변하기 때문에 동사의 형태를 보고, 주어를 쉽게 유추할 수 있어서 주어 생략이 가능합니다. 예를 들어, **Yo soy Mino. / Soy Mino.** 모두 옳은 표현입니다. 오히려 주어가 없는 것이 문장의 간결함과 자연스러움을 표현할 수 있습니다. 단, 3인칭 단·복수와 같이 주어를 명확하게 밝히지 않으면 의미에 혼돈을 줄 수 있는 경우 주어를 생략할 수 없습니다.

(Yo) Me llamo Dalia. 나는 달리아입니다. / (Tú) Te llamas Dalia. 너는 달리아입니다.
¿Cómo te llamas (tú)? 네 이름이 뭐니?
¿Cómo se llama Ud.? 성함이 어떻게 되세요?

DAY 04 네 이름이 뭐니?

맛있는 연습 문제

Track 04-11

1 녹음을 잘 듣고 대화를 완성하세요.

A Yo _____ Mino.

¿Cómo _____ ?

B _____ Dalia.

Mucho gusto. _____ .

2 우리말에 알맞은 스페인어를 쓴 뒤, 큰 소리로 읽어 보세요.

인칭대명사	Ser동사	인칭대명사	Ser동사
Yo	soy	Nosotros/-as	②
Tú	①	Vosotros/-as	sois
Él/Ella Usted (Ud.)	es	Ellos/Ellas Ustedes (Uds.)	③

3 아래 그림을 보고 적절한 인칭대명사를 쓰세요.

①

_____

②

_____

지금 떠나는 여행 속 스페인
España

Castilla La Mancha
까스띠야 라 만차

소설 <돈키호테>의 배경인 'Castilla La Mancha 까스띠야 라 만차'는 돈키호테가 거인으로 착각하고 돌진했던 '풍차'가 상징인 주(州)입니다. 과거에는 마드리드 주에 통합되어 있었지만 1982년 독립적인 주가 되었습니다. 대표적인 도시로는 풍차 마을 '콘수에그라'와 과거 스페인의 수도였던 '톨레도'가 있습니다. 라 만차 주 내의 주요 도시들 간 이동이 대략 1시간 정도면 가능하고, 시간대별 버스 운행도 잦은 편이니 알찬 당일치기 여행 코스를 짜보는 것도 좋은 방법입니다.

까스띠야 라 만차, 추천 여행 코스!!

콘수에그라

돈키호테가 늘어선 풍차들과 전투(?)를 벌였던 **콘수에그라** '키호테의 길'에서 잠시 몽상가가 되어보는 것은 어떨까요?

마사판

아몬드 가루와 설탕 반죽으로 만든 톨레도 전통과자 **마사판**. 상상을 초월할 정도로 달답니다.

톨레도 대성당

스페인의 1000년 수도였던 역사의 도시답게 **톨레도 대성당**은 손꼽히는 외관의 아름다움을 간직하고 있습니다.

첫째 주 다시 보기 DAY 01-04

이번 주 핵심 발음과 특징

DAY 01

01 Alfabeto 알파베또

스페인어는 영어 알파벳 철자와 거의 같지만 스페인어에만 쓰이는 특별한 철자 CH체, LL에예, Ñ에녜가 있습니다. 그리고 모음은 딱 5개, A아 E에 I이 O오 U우입니다.

02 강세 규칙

-모음, -n, -s로 끝나는 단어는 뒤에서 두 번째 모음에 강세가 있고, 자음(n, s 제외)으로 끝나는 단어는 맨 마지막 모음에 강세가 있습니다.

DAY 02

03 단어의 성

스페인어의 모든 명사는 성을 가지고 있는데, 어미에 따라 성별이 결정됩니다. 남성 어미로는 '-o, -자음, -ma, -n'가 있고, 여성 어미로는 '-a, -ad, -z, ión, -umbre'가 있습니다.

04 성·수의 일치

명사(문장에서는 주어)의 성과 수를 기준으로 수식하는 형용사의 형태가 결정됩니다. 단수를 복수로 바꿀 때, 모음으로 끝나는 단어는 어미에 '-s'를, 자음으로 끝나는 단어는 '-es'를 붙이면 됩니다.

◀■▬▬ 실력 다지기 ▬▬■▶

1 아래 단어들의 발음을 한글로 쓰세요.

① autobús _____ ② chocolate _____

③ ciudad _____ ④ pingüino _____

⑤ mujer _____ ⑥ calle _____

2 주어진 단어의 성을 여성형으로 바꾸세요.

① señor 아저씨 → _____ 아주머니

② cantante 가수(남자) → _____ 가수(여자)

③ hermano 형제 → _____ 자매

④ padre 아빠 → _____ 엄마

3 주어진 우리말에 맞는 스페인어 표현을 쓴 뒤, 큰 소리로 읽어 보세요.

① 예쁜 아가씨

▷ _____

② 친절한 스페인 사람들

▷ _____

이번 주 핵심 패턴

DAY 03

Pattern

01 ¡Hola, buenos días! 안녕, 좋은 아침이야!

'¡Hola!'는 '안녕, 안녕하세요?' 모두에 해당됩니다. 남녀노소 누구에게나 가리지 않고 건넬 수 있는 인사말입니다.

Pattern

02 ¡Adiós, hasta luego! 잘 가, 나중에 보자

'¡Adiós! 잘 가' 와 함께 '¡Hasta luego! 나중에 보자' 같은 표현을 함께 쓸 수도 있습니다.

DAY 04

Pattern

03 Yo soy Mino. 나는 미노야.

스페인어 Ser동사는 영어의 Be동사와 같습니다. Ser동사를 활용해 영어의 'I am ~', 'You are ~' 와 같은 간단한 문장들을 만들 수 있습니다.

Pattern

04 ¿Cómo te llamas? 네 이름이 뭐니?

의문사 Cómo(어떻게)와 동사 llamarse(~라고 불리다)를 합쳐 '너는 어떻게 불리니?(네 이름이 뭐니?)'라고 묻습니다. 대답은 'Me llamo ~. 나는 ~라고 불려.(나는 ~야.)'라고 하면 됩니다.

실력 다지기

4 주어진 우리말에 맞는 인칭대명사를 쓰세요.

① 나 _____ ② 너 _____
③ 그 _____ ④ 우리들 _____
⑤ 그녀들 _____ ⑥ 당신들 _____

5 녹음을 잘 듣고 대화를 완성하세요.

① A: ¡Hola, buenos días!

B: _____

② A: ¿Cómo te llamas?

B: _____

③ A: Muchas gracias.

B: _____

6 주어진 상황에 적절한 인사말을 쓰세요.

① _____   ② _____

우리만 알고 있는 스페인 이야기

📷 스페인에서는 스페인식 인사법을 따르라! 'beso 베쏘'

스페인의 거리를 걷다 보면 사람들이 볼을 부비며 다정하게 인사를 나누는 광경을 흔히 볼 수 있습니다. 상대방과 볼을 맞대고 '쪽' 하고 소리를 내는 인사법 'beso'입니다. 같은 언어를 쓰는 라틴아메리카에서는 볼을 한 번만 맞대지만, 스페인에서는 양 볼을 번갈아 가며 두 번 맞댑니다. 스페인 친구에게 먼저 'beso'를 청해보세요. 성별이나 나이와 무관하게 나누는 인사입니다.

📷 마드리드하면 '레알 마드리드 Real Madrid'

'마드리드'하면 스페인의 수도보다는 마드리드 연고의 축구팀 '레알 마드리드 Real Madrid'를 먼저 떠올리는 사람들이 많습니다. 팀 명 속 'Real'은 'Royal'을 뜻하는데, 팀 심벌 마크의 왕관이 말해주듯 '마드리드 왕립 축구단'인 셈입니다. 알려진 그대로, 어쩌면 그 이상으로 스페인 사람들의 축구 사랑은 대단합니다. 국제 경기가 있을 때만 관심이 집중되는 우리나라와는 달리 매년 스페인 프로축구 정규리그 '프리메라 리가'의 시즌이 되면 온 나라가 응원의 열기로 뜨겁습니다. 특히 '엘 클라시코 El Clásico'라 불리는 두 최강팀 '레알 마드리드'와 'FC 바르셀로나'가 맞붙는 경기는 스페인뿐만 아니라 전세계 축구팬들의 많은 관심을 받고 있습니다.

📷 스페인의 날씨, 스페인 여행의 최적기는?

스페인의 한 여름인 7-8월의 평균 기온은 40℃를 쉽게 웃도는데 지중해의 뜨거운 바람을 그대로 맞는 남부 지방은 기온이 45℃까지 올라가기도 합니다. 연중 관광객이 끊이지 않는 스페인이지만 한여름인 7-8월은 피하는 것이 좋습니다. 이 시기 여행자들의 발목을 잡는 것은 더위 만이 아니기 때문입니다. 우리나라와 마찬가지로 7,8월은 스페인의 최대의 휴가철입니다. 스페인 사람들은 매년 최소 한 달 간의 장기 휴가를 갖습니다. 관광지나 대도시에서도 휴가를 떠나 문을 닫은 가게들을 쉽게 볼 수 있고 지방 소도시로 갈수록 도시는 더욱 썰렁합니다. 또한 이 시기에 물가가 가장 높고 인기 숙소의 경우 예약도 쉽지 않습니다.

📷 세르반테스와 돈키호테의 나라

스페인 문학의 거장 세르반테스, 그리고 그가 탄생시킨 'Don Quijote 돈키호테'는 세계적인 결작 소설입니다. 이 소설을 원작으로 한 뮤지컬 '맨오브라만차' 또한 대단한 인기가 있었습니다. 주인공 Don Quijote 돈키호테의 이름에서 'Don'은 성씨 앞에 놓이는 경칭으로 '~님' 정도로 해석될 수 있습니다. '키호테님'이 가장 적절한 우리말 번역이 되겠습니다. 돈키호테가 사랑하는 여인 'Aldonza 알돈자'의 애칭인 'Dulcinea 둘시네아'는 '달콤한'이라는 뜻의 'Dulce'라는 단어에서 따온 이름입니다. 풍차로 유명한 'Castilla La Manch 까스띠야 라 만차' 지방이 이 소설의 배경입니다.

WEEK 02
DAY 06-10

지금 스페인 동부로 떠나요!

이번 주에는?
자신의 직업이나 국적을 말하고 가격을 물을 수 있습니다.

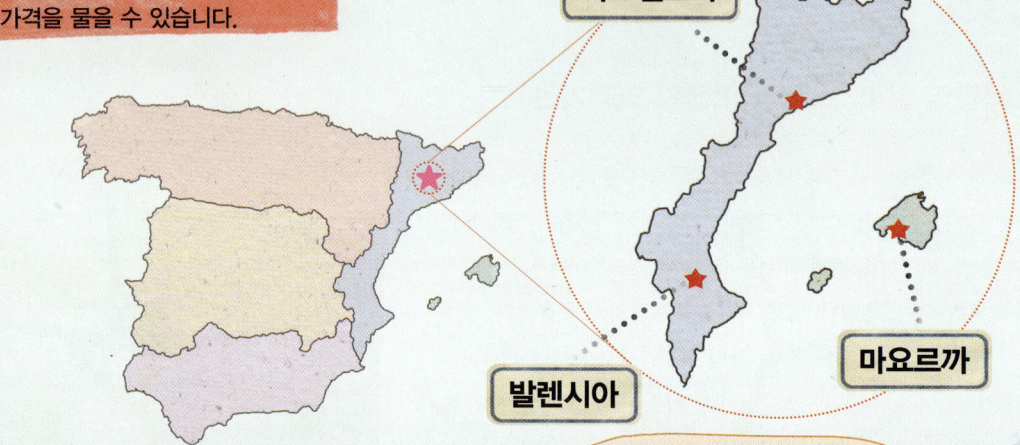

스페인의 동부 대표 도시인 바르셀로나, 발렌시아, 마요르까를 여행합니다.

DAY 06

바르셀로나 I
국적, 직업을 말하기, 문장의 종류

DAY 06 국적과 직업 말하기

<small>에레스 에스뚜디안떼</small>
¿Eres estudiante?
너는 학생이니?

지난 학습 다시 보기

- **"나는 ~입니다."**

  Yo soy Mino. 나는 미노야.

  > 주어를 생략하고 말할 수 있습니다!
  > 'Soy Mino.'

- **이름 묻고 답하기**

  ¿Cómo te llamas? 네 이름이 뭐니?

  > 'Me llamo ~.' 라고 답하면 됩니다.

 여행할 곳 미리 보기

바르셀로나는 스페인에서 두 번째로 큰 도시로 많은 세계인들에게 1992년 이곳에서 개최된 올림픽을 떠올리게 합니다. 면적은 101.9km^2, 약 160만 이상의 인구가 거주하고 있습니다. 지중해 연안에 위치하여 1년 내내 온난한 지중해성 기후가 이어집니다. 겨울에도 한낮에는 해가 쨍쨍하여 반팔을 입은 채로 태양을 즐기는 사람들을 쉽게 볼 수 있습니다.

스토리 미리 듣기 Track 06-01

TODAY 스토리 회화

- 우고의 소개로 산티아고와 소나가 서로의 국적, 직업에 대해 이야기합니다.
- 오늘의 스토리 회화를 미리 들어보세요.

TODAY 학습 포인트

☆ Ser동사로 국적, 직업 말하기

☆ 질문하고 답하기(의문문, 긍정문, 부정문)

Track 06-02

TODAY 핵심 패턴

05 소이 꼬레아나
Soy coreana.   나는 한국인이야.

06 에레스 에스뚜디안떼
¿Eres estudiante?   너는 학생이니?

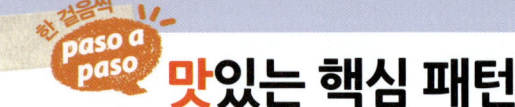 맛있는 핵심 패턴

05

소이   꼬레아나
Soy coreana. 나는 한국인이야.

✓ Ser동사로 국적, 직업, 묘사 표현하기

Ser '~이다' 동사를 활용해 국적, 직업을 말하거나 묘사할 수도 있습니다.

소이   꼬레아노/나
Soy coreano/a. 나는 한국인입니다. (남 coreano/여 coreana)

소이   쁘로페소르/라
Soy profesor/-a. 나는 선생님입니다. (남 profesor/여 profesora)

소이   구아뽀/빠
Soy guapo/a. 나는 잘생겼습니다/예쁩니다. (남 guapo/여 guapa)

단어
coreano/a 한국인
profesor/-a 선생님
guapo/a 잘생긴/예쁜

✓ 주어와 보어의 성과 수 일치

문장의 주어와 보어(명사, 형용사)는 항상 성과 수가 일치해야 합니다. 모음으로 끝나는 단어는 '-s'를, 자음으로 끝나는 단어는 '-es'를 붙여 복수를 만듭니다.

에레스   에스빠뇰/라
Eres español/-a. 너는 스페인 사람이다. (남 español/여 española)

노소뜨로스   소모스   에스빠뇰레스
(Nosotros) Somos españoles.
우리는 스페인 사람이다. – 모두 남성 또는 혼성

노소뜨라스   소모스   에스빠뇰라스
(Nosotras) Somos españolas. 우리는 스페인 사람이다 – 모두 여성

여행 TIP

바르셀로나 카드
Tarjeta Turística de Barcelona

바르셀로나의 주요 교통을 무제한 이용, 박물관 무료 입장, 각종 명소 할인을 받을 수 있는 바르셀로나 여행 필수 아이템입니다. 현지에서 구매하는 것보다 한국에서 미리 구매하는 것이 더욱 저렴합니다.

 주어진 표현을 듣고 따라 해 보세요.

01

(요) 소이 치노/나
(Yo) Soy chino/a. 나는 중국인입니다.

소이 하뽀네스/사
Soy japonés/japonesa. 나는 일본인입니다.

소이 프랑세스/사
Soy francés/francesa. 나는 프랑스인입니다.

소이 에스따도우니덴세
Soy estadounidense. 나는 미국인입니다.

단어 · chino/a 중국인 · japonés/-esa 일본인 · francés/-esa 프랑스인 · estadounidense 미국인

02

노소뜨로스 소모스 심빠띠꼬스/까스
(Nosotros) Somos simpáticos/as. 우리는 상냥합니다.

소모스 알또스/따스
Somos altos/as. 우리는 키가 큽니다.

소모스 고르도스/다스
Somos gordos/as. 우리는 뚱뚱합니다.

소모스 인뗄리헨떼스
Somos inteligentes. 우리는 똑똑합니다.

단어 · simpático/a 상냥한, 착한 · alto/a 키가 큰 · gordo/a 뚱뚱한 · inteligente 똑똑한

06

¿Eres estudiante? 너는 학생이니?

✓ 의문문 만들기

의문문 만드는 순서는 먼저 평서문을 만든 후 문장 앞뒤에 물음표를 붙이고 말꼬리를 올리면 됩니다. 의문문에서도 주어의 생략은 가능합니다.

(평서문) (Tú) Eres estudiante. 너는 학생이다.
뚜   에레스   에스뚜디안떼

(의문문) ¿(Tú) Eres estudiante? 너는 학생이니?
뚜   에레스   에스뚜디안떼

단어
estudiante 학생
cocinero/a 요리사
policía 경찰

✓ 질문에 답하기 – 긍정문, 부정문

질문에 대한 대답을 할 때는, '네'에 해당하는 긍정 표현은 'Sí', '아니오'에 해당하는 부정 표현은 'No' 입니다. 문장 전체를 부정할 때는 동사 앞에 'no'를 넣으면 됩니다.

(질문) ¿Eres cocinero? 너는 요리사니?
에레스 꼬씨네로

(긍정) Sí, soy cocinero. 응, 나는 요리사야.
씨 소이 꼬씨네로

(부정) No, no soy cocinero. 아니, 나는 요리사가 아니야.
노 노 소이 꼬씨네로

(부정) No. Soy policía. 아니. 나는 경찰이야.
노 소이 뽈리시아

스페인어 TIP

의문문을 만드는 또 다른 방법에는 주어, 동사를 도치 시키는 방법도 있습니다. 따라서 아래 세 문형이 모두 가능합니다.

¿Tú eres estudiante?
(주어가 생략되지 않은 경우)

¿Eres estudiante?
(주어가 생략된 경우)

¿Eres tú estudiante?
(주어·동사 도치된 경우)

 주어진 표현을 듣고 따라 해 보세요.

03

에레스　쁘로페소르/라
¿Eres profesor/-a?　너는 선생님이니?

에레스　깐딴떼
¿Eres cantante?　너는 가수니?

에레스　인헤니에로/라
¿Eres ingeniero/a?　너는 엔지니어니?

에레스　악또르/악뜨리스
¿Eres actor/actriz?　너는 배우니?

단어 • profesor/-a 선생님　• cantante 가수　• ingeniero/a 엔지니어　• actor/actriz 배우

04

씨　소이　쁘로페소르/라
Sí, soy profesor/-a.　응, 나는 선생님이야.

씨　소모스　쁘로페소레스
Sí, somos profesores.　응, 우리는 선생님이야.

씨　에요스　손　쁘로페소레스
Sí, ellos son profesores.　응, 그들은 선생님이야.

씨　에야스　손　쁘로페소라스
Sí, ellas son profesoras.　응, 그녀들은 선생님이야.

DAY 06 너는 학생이니?　65

 **맛있는 현지 회화**

☀ 우고의 소개로 산티아고와 소나가 서로의 국적, 직업에 대해 이야기합니다.

Hugo
소나 에스떼 에스 미 아미고 산띠아고
Sona, este es mi amigo Santiago.

산띠아고 에스 아르헨띠노
Santiago es argentino.

Sona
올라 메 야모 소나
Hola, me llamo Sona.

소이 꼬레아나
Soy coreana.

Santiago
에레스 에스뚜디안떼
¿Eres estudiante?

Sona
씨 소이 에스뚜디안떼
Sí, soy estudiante.

단어

- este 이것/이 사람 (남자)
- amigo/a 친구
- estudiante 학생
- mi 나의
- argentino/a 아르헨티나 사람

우고 소냐, 얘는 내 친구 산티아고야.
 산티아고는 아르헨티나 사람이야.

소냐 안녕, 내 이름은 소냐야.
 나는 한국인이야.

산티아고 너는 학생이니?

소냐 응, 난 학생이야.

맛있는 회화 TIP

스페인어의 대문자 표기

스페인어를 공부하며 우리는 친숙한 '영어'와 많은 비교를 하게 됩니다. 두 언어는 비슷한 점이 많은 만큼 다른 점도 많습니다, 그 중 하나가 바로 '대문자의 사용' 입니다. 영어에서는 국명, 언어, 국적 형용사 모두를 대문자로 쓰는 반면, 스페인어에서는 '국명'을 말할 때만 대문자를 씁니다.

Soy italiano. (I am Italian.) 나는 이탈리아 사람입니다.
Soy de Italia. (I am from Italy.) 나는 이탈리아 출신입니다.

맛있는 연습 문제

1 녹음을 잘 듣고 대화를 완성하세요.

A Hola, _____ Sona.

Soy _____ .

B ¿Eres _____ ?

A _____ estudiante.

2 우리말에 알맞은 스페인어를 쓴 뒤, 큰 소리로 읽어 보세요.

① 너는 중국인이니?

   _____

② 아니요. 나는 일본인입니다.

   _____

3 주어진 인물의 국적을 스페인어로 쓰세요.

①

_____

②

_____

지금 떠나는 여행 속 스페인
España

Barcelona I
바르셀로나 I : 해변을 즐기자

바르셀로나는 스페인 최대의 해안 도시로 뜨거운 태양 아래 지중해의 낭만을 즐길 수 있는 곳입니다. 사방이 바다인 바르셀로나에 갔다면 꼭 스페인 사람처럼 해변을 즐겨보세요. 방법은 아주 간단합니다! 모래사장에 가만히 앉아 잠시 아무 것도 하지 않는 여유를 가지면 됩니다. 열심히 돌아다녀야 한다는 여행자의 부담도 잠시 내려놓고 책을 읽거나 음악을 들으며 편안한 시간을 보내세요. 한낮의 여유를 만끽한 후에는 해변을 따라 쭉 늘어선 레스토랑에서 지는 노을을 바라보며 즐기는 낭만적인 저녁식사야 말로 바르셀로나에서 완벽한 하루의 완성입니다.

바르셀로나I, 추천 여행 코스!!

바르셀로네타 해변

대규모 인공 모래사장을 갖춘 '**바르셀로네타 해변**'은 현지인들과 관광객들이 모두 사랑하는 명소입니다. 도심으로부터 걸어서 10분 내외면 닿을 수 있습니다.

베르뭇

베르뭇은 와인에 허브향을 첨가한 달콤한 와인입니다. 점심이나 저녁 식사 전 간단히 서서 즐기는 식전주입니다. 곳곳에 작은 'Vermutería 베르무떼리아(베르뭇을 파는 곳)'가 많습니다.

고딕지구 올드바 투어

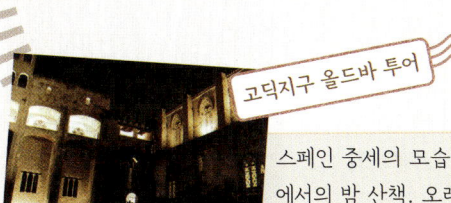

스페인 중세의 모습이 고스란히 남아있는 **고딕지구**에서의 밤 산책. 오래된 건축물들 사이 구석구석 숨겨진 오래된 음식점과 bar를 둘러볼 수 있습니다.

DAY 07 안부 · 상태 묻기

꼬모   에스따스
¿Cómo estás?
어떻게 지내니?

지난 학습 다시 보기

◆ **국적 말하기**

Soy coreana.   나는 한국인이야.

→ Ser 동사로 국적을 말할 수 있어요.
주어와 보어는 성과 수 일치!

◆ **질문하기**

¿Eres estudiante?   너 학생이니?

→ 평서문에서 말꼬리만 올리면 질문이 됩니다! 대답은 Sí 또는 No!

여행할 곳 미리 보기

스페인을 대표하는 바르셀로나 출신의 천재 건축가 가우디, 도시 곳곳에서 그의 숨결을 느낄 수 있습니다. 색색깔의 타일 조각, 독특한 기둥과 천정, 모자이크 분수 등으로 유명한 구엘 공원과 옥수수 모양의 12개의 첨탑으로 이뤄진 사그라다 파밀리아 성당은 가우디의 독창적인 작품 세계를 고스란히 엿볼 수 있는 대표 건축물입니다.

TODAY 스토리 회화

- 소나가 보케리아 시장을 구경하며 점원과 대화를 나눕니다.
- 오늘의 스토리 회화를 미리 들어보세요.

스토리 미리 듣기 Track 07-01

TODAY 학습 포인트

★ Estar동사의 활용 I : 안부 묻기

★ 상태를 말하는 부사 & 형용사

Track 07-02

TODAY 핵심 패턴

07 꼬모 에스따스
¿Cómo estás? 어떻게 지내니?

08 에스따 무이 리꼬
Está muy rico. 아주 맛있어요.

paso a paso 맛있는 핵심 패턴

동영상 강의

Track 07-03

07

꼬모　에스따스
¿Cómo estás? 어떻게 지내니?

✓ Estar동사의 활용 I : 안부 묻기

영어에서 be동사가 '~이다', '~있다'의 두 가지 의미 모두로 쓰이는 것과 달리, 스페인어는 '~이다'의 의미로 Ser동사가, '~있다'의 의미로 Estar동사가 쓰입니다.

• Estar동사의 변화

인칭대명사	동사	인칭대명사	동사
Yo	에스또이 estoy	Nosotros/-as	에스따모스 estamos
Tú	에스따스 estás	Vosotros/-as	에스따이스 estáis
Él/Ella/Usted (Ud.)	에스따 está	Ellos/Ellas/Ustedes (Uds.)	에스딴 están

단어
cómo 어떻게(의문사)
y 그리고
muy 매우
bien 잘(부사)
un poco 조금
cansado/a 피곤한
feliz 즐거운, 행복한

　　꼬모　에스따스
A ¿Cómo estás? 어떻게 지내니?

　　에스또이　무이　비엔　　그라시아스　이 뚜
B Estoy muy bien. Gracias, ¿y tú? 아주 잘 지내. 고마워, 너는?

*보통 주어, 동사는 생략하고 "Muy bien." 이라고 답합니다.

에스또이　운　뽀꼬　깐사도/다
Estoy un poco cansado/a. 나는 조금 피곤해.

에스또이　무이　펠리스
Estoy muy feliz. 나는 너무 즐거워.

스페인어 TIP
'muy 매우'와 'un poco 조금'은 부사나 형용사 앞에서 의미를 강조하는 수식어입니다.
muy triste 매우 슬픈
un poco triste 조금 슬픈

 주어진 표현을 듣고 따라 해 보세요.  Track 07-04

01

꼬모　에스따　우스뗏
¿Cómo está Ud.?　당신은 어떻게 지내세요?

꼬모　에스따　뚜　아부엘라
¿Cómo está tu abuela?　너의 할머니는 어떻게 지내시니?

꼬모　에스따이스
¿Cómo estáis?　너희들은 어떻게 지내니?

꼬모　에스딴　우스떼데스
¿Cómo están Uds.?　당신들은 어떻게 지내세요?

단어　· tu 너의　· abuelo/a 할아버지/할머니

02

에스또이　오꾸빠도/다
Estoy ocupado/a.　나는 바빠.

에스또이　리브레
Estoy libre.　나는 한가해.

에스또이　엔페르모/마
Estoy enfermo/a.　나는 아파.

에스또이　에스뜨레사도/다
Estoy estresado/a.　나는 스트레스 받고 있어.

단어　· ocupado/a 바쁜　· libre 한가한, 자유로운　· enfermo/a 아픈　· estresado/a 스트레스 받은

08

에스따 무이 리꼬
Está muy rico. 아주 맛있어요.

✓ 상태 표현하기

Estar동사를 활용해 사람의 상태 뿐 아니라 사물이나 장소, 음식의 상태도 표현할 수 있습니다.

엘　레스따우란떼　에스따　아비에르또
El restaurante está abierto. 식당이 열려 있다. (영업 중이다)

라　빠에야　에스따　리까
La paella está rica. 빠에야가 맛있다.

위 예문과 같이 일반명사가 문장의 주어가 될 때는 반드시 정관사 또는 소유·지시 형용사 등이 함께 쓰입니다.

- 정관사의 형태

	단수	복수
남성	el	los
여성	la	las

엘　호텔　에스따　림삐오
El hotel está limpio. 호텔이 깨끗하다. (일반적 의미)

미　호텔　에스따　림삐오
Mi hotel está limpio. 내 호텔은 깨끗하다.

Hotel está limpio. (X)

단어

(el) restaurante 식당
abierto/a 열린, 영업 중인
rico/a 맛있는
(el) hotel 호텔
limpio/a 깨끗한

 여행 TIP

까사 바뜨요
Casa Batlló

스페인의 천재 건축가 가우디가 바르셀로나의 사업가였던 '바뜨요 Batlló' 씨의 의뢰를 받아 3년간 지은 건축물입니다. 푸른 빛의 타일로 장식된 정면은 햇빛이 비출 때마다 눈부시게 빛이 납니다. 까사 바뜨요의 맞은 편에는 가우디의 마지막 작품 '까사 밀라 Casa Mila'가 위치하고 있습니다.

주어진 표현을 듣고 따라 해 보세요.

03

엘　바뇨　에스따　림삐오
El baño está limpio. 화장실이 깨끗하다.

엘　바뇨　에스따　수씨오
El baño está sucio. 화장실이 더럽다.

엘　바뇨　에스따　쎄라도
El baño está cerrado. 화장실이 닫혀 있다.

엘　바뇨　에스따　오꾸빠도
El baño está ocupado. 화장실이 사용 중이다.

단어 · (el) baño 화장실　· sucio/a 더러운　· cerrado/a 닫힌　· ocupado/a 사용 중인, 바쁜

04

엘　까페　에스따　깔리엔떼
El café está caliente. 커피가 뜨겁다.

엘　까페　에스따　프리오
El café está frío. 커피가 식었다.

엘　까페　에스따　둘세
El café está dulce. 커피가 달다.

엘　까페　에스따　아마르고
El café está amargo. 커피가 쓰다.

단어 · (el) café 커피　· frío/a 차가운(식은)　· dulce 달콤한　· amargo/a 쓴

DAY 07 어떻게 지내니? **75**

 **맛있는 현지 회화**

 회화 듣기 Track 07-07  직접 따라 말하기 Track 07-08

☀ 소나가 보케리아 시장을 구경하며 점원과 대화를 나눕니다.

Dependiente
올라　　꼬모　에스따스
Hola. ¿Cómo estás?

Sona
무이　비엔　이 우스뗏
Muy bien. ¿Y Ud.?

Dependiente
또도　비엔　그라시아스
Todo bien, gracias.

Sona
께　에스 에스또
¿Qué es esto?

Dependiente
에스또 에스 운　보까디요
Esto es un bocadillo.

에스따　무이　리꼬
Está muy rico.

 Track 07-09

단어

- todo 모두, 전부
- qué 무엇(=what)
- (el) bocadillo 보까디요 (스페인식 샌드위치)
- bien 잘
- esto 이것
- rico/a 맛있는

우리말→스페인어 말하기

점원	안녕하세요, 어떻게 지내요?
소나	아주 좋아요. 당신은요?
점원	모두 다 좋아요, 고마워요.
소나	이게 뭐예요?
점원	이것은 보까디요예요. 아주 맛있어요.

맛있는 회화 TIP

¿Cómo estás? 처음 본 사람에게 안부를 묻는다고?

¿Cómo estás?와 ¿Qué tal?은 같은 뜻입니다. 특히 스페인에서는 ¿Qué tal?을 정말 많이 사용합니다. 이 두 표현은 여행 중 가장 많이 듣게 될 말일 겁니다. 처음 본 사람에게 "어떻게 지내니?" 하고 안부를 묻는 것은 우리나라 사람들에게는 낯선 문화이지만 스페인에 가면 스페인식 인사법을 따라야 하므로, 'Muy bien 잘 지내' 하고 '¿y tú? 넌 어때?'와 같이 대답하면 됩니다.

DAY 07 어떻게 지내니?

맛있는 연습 문제

1 녹음을 잘 듣고 대화를 완성하세요.

A   Hola. ¿Cómo _____ ?

B   Muy _____ . ¿Y Ud.?

A   _____ bien, gracias.

B   ¿Qué es _____ ?

A   Esto es _____ .

    Está muy _____ .

2 괄호 안에 알맞은 관사를 써넣으세요.

① (   ) restaurante está lleno.

   식당이 가득 찼습니다.

② (   ) paella está fría.

   빠에야가 식었습니다.

3 아래 사진 속 인물의 상황을 묘사해 보세요.

①

_____

②

_____

지금 떠나는 여행 속 스페인
España

Barcelona II
바르셀로나 II : 가우디의 도시

가우디는 바르셀로나를 중심으로 활동한 스페인의 천재 건축가입니다. 곡선의 미를 사랑하고 화려한 색감의 장식을 사용하는 것이 특징입니다. 그의 작품들을 감상하며 걷다 보면 도시 전체가 하나의 미술관처럼 느껴집니다. 바르셀로나는 그야말로 가우디의 도시라 해도 과언이 아닙니다. 많은 사람들이 그의 작품을 보기 위해 이곳을 방문합니다. 일명 '가우디 투어'라 불리는 구엘공원, 까사바뜨요, 까사밀라, 사그라다 파밀리아(성가족 성당)까지 그의 건축물들을 가이드의 설명과 함께 둘러볼 수 있는 여행 프로그램이 많이 있습니다.

바르셀로나II, 추천 여행 코스!!

구엘공원

구엘공원의 모든 건축물은 어느 하나도 평범한 것이 없습니다. 정상에서 내려다보는 바르셀로나의 전경은 정말 장관입니다.

까냐

스페인어로 맥주는 'cerveza'이지만 '까냐 caña'는 작은 컵에 담아주는 생맥주를 뜻합니다. 뜨거운 스페인 여름 여행이라면 꼭 필요한 필수 어휘입니다.

사그라다 파밀리아

가우디의 죽음으로 미완으로 남겨진 사그라다 파밀리아의 완공은 아직도 추진 중이며, 아름다운 4개의 탑 사이로 크레인을 볼 수 있는 재미있는 경험을 하게 됩니다.

DAY 08 위치 묻기

돈데 에스따 엘 메르까도 쎈뜨랄
¿Dónde está el mercado central?
중앙시장이 어디에 있죠?

지난 학습 다시 보기

◆ **안부 묻기**

¿Cómo estás? 어떻게 지내니?

> 대답은? 'Muy bien 아주 잘 지내'

◆ **상태 말하기**

Está muy rico. 아주 맛있어요.

> 상태를 말하는 부사, 형용사와 함께 쓸 수 있어요.
> 'muy 매우', 'un poco 조금' 수식어도 잊지 마세요.

여행할 곳 미리 보기

발렌시아는 스페인 동부에 위치한 해안 도시입니다. 면적 134.65km², 약 80만 명의 인구가 거주하며 지중해를 바로 접하고 있는 스페인의 대표적인 관광 도시입니다. 도시의 동쪽으로는 아름다운 해안선이 펼쳐지고 내륙의 중심에는 미겔레테 종탑, 발렌시아 대성당 등의 종교적 건축물들이 넘쳐납니다. 스페인 하면 떠오르는 대표 음식인 'Paella 빠에야'의 본 고장이기도 합니다.

TODAY 스토리 회화

- 소나의 발렌시아 여행! 행인에게 시장의 위치를 묻고 있습니다.
- 오늘의 스토리 회화를 미리 들어보세요.

스토리 미리 듣기 **Track 08-01**

TODAY 학습 포인트

★ Estar동사의 활용 II : 위치 말하기

★ 있다? 없다? 존재 유무를 말하는 동사 Hay

Track 08-02

TODAY 핵심 패턴

09 돈데 에스따 엘 메르까도 센뜨랄
¿Dónde está el mercado central? 중앙 시장이 어디에 있죠?

10 아이 운 아우또부스 빠라 엘 센뜨로
¿Hay un autobús para el centro? 시내 중심가로 가는 버스가 있나요?

맛있는 핵심 패턴

09

돈데　　에스따　엘　　메르까도　　센뜨랄
¿Dónde está el mercado central?
중앙시장이 어디에 있죠?

✓ Estar동사의 활용Ⅱ: 위치 묻기

Estar동사는 '상태(~한 상태로 있다)'를 나타낼 뿐만 아니라, '위치(~에 있다)'를 표현할 때도 쓰입니다. 이때 주의할 점은 특정 장소, 사물의 위치를 표현할 때는 고유명사를 제외하고 반드시 대상 앞에 관사를 써주어야 합니다.

　　돈데　　에스따　엘　바뇨
¿Dónde está el baño? 화장실이 어디에 있죠?

¿Dónde está baño? (x)

에스따　엔　엘　　에디피씨오
Está en el edificio. 건물 안에 있습니다.

Está en edificio. (x)

에스따　아 라　데레차　데 라　엔뜨라다
Está a la derecha de la entrada. 입구 오른쪽에 있습니다.

에스따　아 라　이스끼에르다　델　　아센소르
Está a la izquierda del ascensor. 엘레베이터 왼쪽에 있습니다.

전치사 a, de와 남성관사 'el'이 만나면 연음으로 인한 발음상의 문제로 축약형을 씁니다. (a+el = al/de+el = del)

단어

(el) edificio 건물

en ~ 안에

a la derecha de ~오른쪽에

(la) entrada 입구

a la izquierda de ~왼쪽에

(el) baño 화장실

(el) ascensor 엘리베이터

 여행 TIP

룸브라클레 클럽
L'Umbracle

박물관과 아쿠아리움 사이에 클럽이 있다? 분위기와 규모로는 발렌시아를 넘어 스페인 최고의 클럽이라 해도 손색이 없습니다. 멋진 건물과 화려한 조명으로 꾸며진 야외 클럽. 별을 보며 즐기는 음악과 칵테일로 뜨거운 발렌시아의 밤 열기를 느낄 수 있습니다.

주어진 표현을 듣고 따라 해 보세요.

01

돈데 에스따 라 엔뜨라다
¿Dónde está la entrada? 입구가 어디에 있죠?

돈데 에스따 라 살리다
¿Dónde está la salida? 출구가 어디에 있죠?

돈데 에스따 라 쁠라싸
¿Dónde está la plaza? 광장은 어디에 있죠?

돈데 에스딴 라스 에스깔레라스
¿Dónde están las escaleras? 계단은 어디에 있죠?

단어 · (la) salida 출구 · (la) plaza 광장 · (las) escaleras 계단

02

에스따 알 라도 데 라 뿌에르따
Está al lado de la puerta. 문 옆에 있어요.

에스따 델란떼 데 라 뿌에르따
Está delante de la puerta. 문 앞에 있어요.

에스따 데뜨라스 데 라 뿌에르따
Está detrás de la puerta. 문 뒤에 있어요.

에스따 푸에라 데 라 뿌에르따
Está fuera de la puerta. 문 밖에 있어요.

단어 · al lado (de) ~ 옆에 · delante (de) ~ 앞에 · detrás (de) ~ 뒤에 · fuera (de) ~ 밖에

10 ¿Hay un autobús para el centro?
아이 운 아우또부스 빠라 엘 쎈뜨로

시내 중심가로 가는 버스가 있나요?

✓ 존재의 유무를 표현하는 동사 Hay

Hay는 영어의 'there is/are'에 해당하는 동사로 단순한 존재 유무를 나타낼 때 쓰입니다. 이때 주어가 Hay동사 뒤에 위치하는 것이 특징입니다.

단어
(el) libro 책
mucho/a 많은
sobre ~ 위에
(la) mesa 테이블

Hay동사의 주어에는 다양한 형태가 있습니다.

아이 운 리브로/우노스 리브로스
Hay un libro/unos libros. 한 권의/여러 권의 책이 있다. (부정관사+명사)

아이 무초스 리브로스
Hay muchos libros. 많은 책이 있다. (수량형용사+명사)

아이 씽꼬 리브로스
Hay 5 libros. 5권의 책이 있다. (숫자+명사)

노 아이 리브로/-스
No hay libro/-s. 책(들)이 없다. (부정문일 때는 무관사)

아이 엘 리브로
Hay el libro. (x) ★정관사+명사 주어는 문장 성립 불가

 **스페인어 TIP**

부정관사는 특정하지 않은 대상의 앞에 쓰입니다.

	단수	복수
남	un	unos
여	una	unas

Hay동사가 있는 문장에서 위치에 관한 정보는 써도 되고, 쓰지 않아도 됩니다.

아이 운 리브로   아이 운 리브로 소브레 라 메사
Hay un libro. (o)   **Hay un libro sobre la mesa.** (o)
책이 있다.   책상 위에 책이 있다.

 주어진 표현을 듣고 따라 해 보세요.

03

아이 운 바르 뽀르 아끼
¿Hay un bar por aquí?   이 근처에 바(bar)가 있나요?

아이 운 빠르께 뽀르 아끼
¿Hay un parque por aquí?   이 근처에 공원이 있나요?

아이 우나 쁠라싸 뽀르 아끼
¿Hay una plaza por aquí?   이 근처에 광장이 있나요?

아이 운 오스삐딸 뽀르 아끼
¿Hay un hospital por aquí?   이 근처에 병원이 있나요?

단어 • (el) bar 바   • por aquí 이 근처   • (el) parque 공원   • (la) plaza 광장   • (el) hospital 병원

04

아이 우나 뻬르소나 엔 라 까예
Hay una persona en la calle.   길에 한 사람이 있습니다.

아이 우나스 뻬르소나스 엔 라 까예
Hay unas personas en la calle.   길에 몇 사람이 있습니다.

아이 무차스 뻬르소나스 엔 라 까예
Hay muchas personas en la calle.   길에 많은 사람들이 있습니다.

노 아이 뻬르소나 엔 라 까예
No hay persona en la calle.   길에 사람이 없습니다.

단어 • (la) persona 사람   • en ~에, ~ 안에   • (la) calle 길

DAY 08 중앙시장이 어디에 있죠?

 맛있는 현지 회화

 회화 듣기 Track 08-07
 직접 따라 말하기 Track 08-08

☀ 소나의 발렌시아 여행! 행인에게 시장의 위치를 묻고 있습니다.

Sona
베르돈   우나   쁘레군따
Perdón, una pregunta.

돈데   에스따 엘   메르까도   센뜨랄
¿Dónde está el mercado central?

Transeúnte
엘   메르까도   센뜨랄   에스따 엔 엘   센뜨로
El mercado central está en el centro.

에스따모스 운 뽀꼬 레호스 델   센뜨로
Estamos un poco lejos del centro.

Sona
아이 운   아우또부스   빠라 엘   센뜨로
¿Hay un autobús para el centro?

Transeúnte
씨   아이   무초스   아우또부세스
Sí, hay muchos autobúses.

단어

- perdón 죄송합니다, 실례합니다
- lejos de ~로부터 먼
- (el) mercado 시장
- (el) autobús 버스
- central 중앙의
- para ~을 향해
- (el) centro 시내, 다운타운
- mucho/a 많은

우리말→스페인어 말하기 Track 08-10

소나	실례합니다, 질문이 있어요.
	중앙 시장이 어디에 있죠?
행인	중앙 시장은 시내에 있어요.
	우리는 시내 중심가에서 조금 멀리 떨어져 있어요.
소나	시내 중심가로 가는 버스가 있나요?
행인	네, 버스는 아주 많아요.

맛있는 회화 TIP

모든 대화의 시작 **Perdón** [뻬르돈]

누군가에게 말을 걸기 위해서는 먼저 그 사람의 주목을 끌어야 합니다.

'Perdón'은 영어의 'Excuse me 실례합니다'에 해당하는 표현입니다. 동시에 'Sorry 미안합니다'의 뜻도 가지고 있어 스페인 사람들은 Perdón을 입에 달고 산다고 해도 과언이 아닙니다. 누군가에게 말을 걸 때뿐만 아니라 가벼운 신체접촉이 일어났을 때, 사람 많은 곳을 지나갈 때 등 가벼운 사과 표현을 하기 위해 자주 사용됩니다. 또한 상대의 말을 잘 못 들었을 경우, ¿Perdón?하고 되묻는다면 '다시 한 번 말씀해주시겠어요?'라는 뜻이 됩니다.

DAY 08 중앙시장이 어디에 있죠?

맛있는 연습 문제

1 녹음을 잘 듣고 대화를 완성하세요.

A _____ , una pregunta.

¿Dónde _____ el mercado central?

B El mercado central está _____ .

Estamos un poco _____ centro.

A ¿Hay un autobús _____ el centro?

B Sí, hay _____ autobúses.

2 우리말에 알맞은 스페인어를 쓴 뒤, 큰 소리로 읽어 보세요.

① 화장실이 어디에 있나요?

_____

② 이 근처에 공원이 있나요?

_____

3 다음 사진을 보고 아래 질문에 답하세요.

①

A ¿Qué hay sobre el plato?

B _____

②

A ¿Qué hay en la calle?

B _____

지금 떠나는 여행 속 스페인
España

Valencia
발렌시아

발렌시아는 스페인에서 세 번째로 큰 도시입니다. 마드리드와 바르셀로나의 명성에 가려져 있지만 발렌시아는 여행지로서 매우 매력적인 도시입니다. 예술과 과학의 도시다운 초현대적 건축물과 그 안에 꾸려진 박물관과 수족관, 유럽에서 가장 오래된 시장, 잘 짜여진 대중 교통 노선, 토마토, 불꽃 축제와 같은 세계적 축제, 관광객이 비교적 적은 평화로운 해변까지 다양하게 즐길 거리를 두루 갖춘 곳입니다. 또한 스페인 대표 요리 '빠에야 paella'의 본고장이기도 합니다.

발렌시아, 추천 여행 코스!!

오세아노 그라피코

유럽 최대 규모의 아쿠아리움 **오세아노 그라피코**에는 길이 70m의 수중 터널이 있습니다.

빠에야

쌀(arroz)은 발렌시아 음식을 대표하는 재료입니다. 스페인식 볶음밥 '**빠에야 Paella**'. 시장에 가면 어마어마하게 큰 솥에 볶은 빠에야를 접시에 담아 파는 모습을 흔히 볼 수 있습니다.

라스 파야스 축제

화재가 아닙니다, 축제라구요! 매년 3월 열리는 불의 축제 '**라스 파야스**' 불꽃놀이, 음악, 꺼지지 않는 축제의 불과 함께 밤새도록 파티가 열립니다.

DAY 09 가격 묻기와 숫자

꽌또 꾸에스따
¿Cuánto cuesta?
얼마예요?

지난 학습 다시 보기

- **위치 묻기**

    ¿Dónde está el mercado central? 중앙 시장이 어디에 있죠?

    > 위치를 물을 때 쓰는 ¿Dónde está 정관사+명사?

- **존재 유무 말하기**

    ¿Hay un autobús para el centro? 시내 중심가로 가는 버스가 있나요?

    > 있고, 없고 존재 유무를 말할 때 쓰이는 Hay동사

여행할 곳 미리 보기

마요르까는 지중해의 발레아레스 제도에 있는 섬입니다. 면적은 3,640.11km² 로 제주도의 두 배 정도 되는 크기입니다. 스페인에서 가장 큰 섬으로 그 이름조차 라틴어에서 유래한 '큰 섬'이라는 어원을 가지고 있습니다. 관광지로 잘 개발된 지역으로 호텔과 유명인들의 별장이 즐비합니다. 마요르까 최대의 특산품은 '진주'로 그 품질은 세계 최고로 인정받습니다.

스토리 회화

- 미노와 달리아가 마요르까 섬의 전통 빵 엔사이마다를 사려고 합니다.
- 오늘의 스토리 회화를 미리 들어보세요.

학습 포인트

⭐ 가격 묻기

⭐ 숫자(1~100) 표현하기

핵심 패턴

11 뜨레스 엔사이마다스 뽀르 파보르
3 ensaimadas, por favor. 엔사이마다 3개 주세요.

12 꽌또 꾸에스따
¿Cuánto cuesta? 얼마예요?

 **맛있는 핵심 패턴**

11

뜨레스 엔사이마다스 뽀르 파보르
3 ensaimadas, por favor. 엔사이마다 3개 주세요.

✓ 스페인어 숫자 (0~15)

0~15까지의 숫자는 규칙성이 없어 모두 외워야 하지만 16부터는 숫자 구성의 원리를 이해하면 조금 더 쉽게 알아 둘 수 있습니다.

0 cero	4 cuatro	8 ocho	12 doce
1 uno	5 cinco	9 nueve	13 trece
2 dos	6 seis	10 diez	14 catorce
3 tres	7 siete	11 once	15 quince

단어
(el) minuto 분
(la) hora 시간
euro 유로
(la) cerveza 맥주

- 숫자 1은 남성 단수명사 앞에서 'un', 여성 단수명사 앞에서 'una'로 변화합니다.

  운 미누또   우나 오라   운 에우로
  un minuto 1분   una hora 1시간   un euro 1유로

- 영어 please에 해당하는 'por favor'와 함께 사용하여 아주 간단하게 주문을 할 수도 있습니다.

  도스 쎄르베사스 뽀르 파보르
  2 cervezas, por favor. 맥주 2잔 주세요.

  꽈뜨로 암부르게사스 뽀르 파보르
  4 hamburguesas, por favor. 햄버거 4개 주세요.

여행 TIP

발레아레스 제도
Islas Baleares

스페인 동쪽 끝으로 지중해에 떠 있는 4개의 섬들을 묶어 '발레아레스 제도'라 부릅니다. 클럽으로 유명한 '이비자 섬', 스페인 사람들의 대표 휴양지 '마요르까&메노르까 섬', 마지막으로 네 섬 중 가장 작지만 천연의 아름다움을 잘 간직한 '포르멘테라 섬'이 있습니다.

주어진 표현을 듣고 따라 해 보세요.

01

운　에우로
Un euro　1유로

운　돌라르
Un dólar　1달러

우나　아비따씨온
Una habitación　방 1개

우나　만싸나
Una manzana　사과 1개

단어 • (el) dólar 달러　• (la) habitación 방　• (la) manzana 사과

02

운　까페　뽀르　파보르
Un café, por favor.　커피 1잔 주세요.

뜨레스　엔뜨라다스　뽀르　파보르
3 entradas, por favor.　입장권 3장 주세요.

시에떼　쎄보야스　뽀르　파보르
7 cebollas, por favor.　양파 7개 주세요.

디에스　쁠라따노스　뽀르　파보르
10 plátanos, por favor.　바나나 10개 주세요.

단어 • (el) café 커피　• (la) entrada 입장권　• (la) cebolla 양파　• (el) plátano 바나나

DAY 09 얼마예요?　93

12

꽌또 꾸에스따
¿Cuánto cuesta? 얼마예요?

✓ 가격 묻기

'얼마'를 뜻하는 cuánto와 '비용이 들다'라는 뜻의 cuesta(동사원형 costar) 동사가 만나 '¿Cuánto cuesta?'가 되었습니다. 문맥상 대상이 분명히 드러 나므로 주어는 생략해도 됩니다.

단어
cuánto 얼마나(=how much)
cuesta 비용이 들다

꽌또 꾸에스따 라 엔뜨라다
A ¿Cuánto cuesta la entrada? 입장권이 얼마죠?

손 베인떼 에우로스
B Son 20 euros. 20유로입니다.

✓ 스페인어 숫자 (16~100)

- 16 이상의 숫자는 "십(단위) y 일(단위)"로 구성됩니다.

  디에스 이 세이스   디에씨세이스
  16 = 10 y 6   diez y seis → dieciséis

- 연음으로 인한 철자 변동이 일어나지만 기본 원리는 이렇습니다.

  디에스 이 시에떼   디에씨시에떼
  17 = 10 y 7   diez y siete → diecisiete

  베인떼 이 우노   베인띠우노
  20 = veinte   21 = veinte y uno → veintiuno

 스페인어 TIP

가격을 묻는 표현은 ¿Cuánto cuesta?뿐만 아니라 ¿Cuánto vale? (꽌또 발레) ¿Cuánto es? (꽌또 에스) 등 다양한 형태로 표현합니다.

- 30 이상부터는 연음으로 인한 축약이 일어나지 않습니다. 십과 일단위를 'y'로 연결해 나열하면 됩니다.

  30 = treinta   31 = treinta y uno   32 = treinta y dos
  40 = cuarenta   50 = cincuenta   60 = sesenta
  70 = setenta   80 = ochenta   90 = noventa
  100 = cien

주어진 표현을 듣고 따라 해 보세요.

03

꾸안또 꾸에스따 에스또
¿Cuánto cuesta esto? 이것은 얼마예요?

꾸안또 꾸에스따 엘 쑤모
¿Cuánto cuesta el zumo? 주스는 얼마예요?

꾸안또 꾸에스따 우나 노체
¿Cuánto cuesta una noche? 하룻밤에 얼마예요?

꾸안또 꾸에스따 운 낄로
¿Cuánto cuesta un kilo? 1킬로그램에 얼마예요?

단어 • esto 이것 • (el) zumo 주스 • (la) noche 밤 • (el) kilo 킬로그램

04

손 베인띠오초 에우로스
Son veintiocho euros. 28유로입니다.

손 꽈렌따 이 꽈뜨로 에우로스
Son cuarenta y cuatro euros. 44유로입니다.

손 씽꾸엔따 이 세이스 에우로스
Son cincuenta y seis euros. 56유로입니다.

손 세뗀따 이 누에베 에우로스
Son setenta y nueve euros. 79유로입니다.

맛있는 현지 회화

☀ 미노와 달리아가 마요르까 섬의 전통 빵 엔사이마다를 사려고 합니다.

Mino
꾸알 에스 라 꼬미다 뜨라디씨오날 데 마요르까
¿Cuál es la comida tradicional de Mallorca?

Dalia
에스 라 엔사이마다
Es la ensaimada.

Mino
아끼 에스딴 라스 엔사이마다스
¡Aquí están las ensaimadas!

Dalia
(엔사이마다를 가리키며)
뜨레스 엔사이마다스 뽀르 파보르
3 ensaimadas, por favor.

꽌또 꾸에스따
¿Cuánto cuesta?

Dependiene
손 꽈뜨로에우로스
Son 4 euros.

단어

- cuál 어느 것, 무엇
- tradicional 전통적인
- cuánto 얼마나 (= how much)
- (la) comida 음식
- (la) ensaimada 스페인식 꽈배기

미노	마요르까의 전통 음식이 뭐야?
달리아	엔사이마다야.
미노	여기 엔사이마다가 있어!
달리아	엔사이마다 3개 주세요.
	얼마죠?
점원	4유로입니다.

맛있는 회화 TIP

만능 표현 'Por favor ~ 부탁합니다'

영어의 'please'에 해당하는 por favor는 쓸모가 아주 많습니다. '내가 필요한 것' + por favor만 붙이면 '~을 주세요, 부탁합니다'라는 표현이 완성됩니다.

Agua, por favor. 물 주세요.
La carta, por favor. 메뉴판 좀 주세요.
La cuenta, por favor. 영수증 좀 주세요.

맛있는 연습 문제

1 녹음을 잘 듣고 대화를 완성하세요.

A ¿Cuál es la _____ de Mallorca?

B Es la ensaimada.

A ¡_____ están las ensaimadas!

B 3ensaimadas, _____ .

¿_____ cuesta?

A Son _____ .

2 아래 숫자를 스페인어로 쓰세요.

① 29

_____

② 88

_____

3 그림 속 돈의 액수를 스페인어로 쓰시오.

①

_____

②

_____

지금 떠나는 여행 속 스페인
España

Mallorca
마요르까

발레아레스 제도 네 개의 섬 중 가장 큰 'Mallorca 마요르까' 섬은 외국인 여행객 뿐만 아니라 스페인 사람들에게도 대표적인 휴양지로 꼽힙니다. 실제로 스페인의 귀족과 많은 유명인들이 마요르까 섬에 여름 별장을 가지고 있습니다. 스테인드 글라스로 둘러싸인 아름다운 교회와 현대식 박물관, 쇼핑, 골프까지 할 거리 많은 마요르까 섬이지만 뭐니뭐니 해도 해변에서 각종 해양 스포츠를 체험할 수 있고, 또 스페인 최고의 아름다운 일몰을 볼 수 있다는 점이 가장 좋습니다.

마요르까, 추천 여행 코스!!

마요르까 해변

동쪽과 북쪽의 **마요르까 해변**은 주로 관광 개발된 곳들이 많고, 서쪽의 해변들은 바위와 숲이 어우러져 좀 더 자연적인 느낌을 간직하고 있습니다.

엔사이마다

마요르까를 방문하면 반드시 먹게 되는 전통 빵 **엔사이마다**는 둥글게 말려 있는 달팽이 모양과 촉촉한 식감이 특징입니다.

진주 쇼핑

여행 기념품을 구매하고 싶다면 마요르까에서는 **진주 쇼핑**을 추천합니다. 종류가 다양한 것은 물론 품질로도 인정받는 마요르까 진주입니다.

둘째 주 다시 보기 DAY 06-09

이번 주 핵심 패턴

DAY 06

Pattern

05 Soy coreana. 나는 한국인이야.

Ser동사를 활용해 국적, 직업, 묘사 등을 할 수 있습니다. 이때 주어와 보어는 성·수가 일치되어야 합니다. Él es coreano. 그는 한국인이야. / Ella es coreana. 그녀는 한국인이야.

Pattern

06 ¿Eres estudiante? 너는 학생이니?

스페인어 의문문 만들 때는 문장 앞뒤에 '¿ ?'를 붙이고 평서문에서 말꼬리만 올려주면 됩니다. 대답은 Sí 또는 No로 합니다.

DAY 07

Pattern

07 ¿Cómo estás? 어떻게 지내니?

Estar동사는 상태나 위치를 표현할 때 사용합니다. ¿Cómo estás?는 처음 보는 사람에게도 건넬 수 있는 가장 많이 쓰이는 안부 인사입니다.

Pattern

08 Está muy rico. 아주 맛있어요.

Estar동사는 사람의 상태는 물론 사물의 상태도 말할 수 있습니다. Estoy cansado. 나는 피곤하다. / El café está frío. 커피가 식었다.

실력 다지기

1 우리말은 스페인어로, 스페인어는 우리말로 쓰고 큰소리로 읽어 보세요.

① 일본인 _____ ② simpático _____

③ 선생님 _____ ④ cocinero _____

⑤ 맛있는 _____ ⑥ libre _____

2 녹음을 잘 듣고 대화를 완성하세요.

① A: ¿Cómo _____ Ud.?

　B: _____. Gracias. ¿Y Ud.?

② A: ¿Sois _____?

　B: No. Somos _____.

③ A: Mi café está _____.

　B: Mi café está _____.

3 주어진 우리말에 맞는 스페인어 표현을 쓴 뒤, 큰 소리로 읽어 보세요.

① 당신들은 어떻게 지냅니까?

　▷ _____

② 아니. 나는 한가해.

　▷ _____

이번 주 핵심 패턴

DAY 08

Pattern

09 **¿Dónde está el mercado central?** 중앙시장이 어디예요?

¿Dónde está ~?는 위치를 묻는 표현입니다. 주요 장소 전치사구(a la derecha de ~오른쪽에, a la izquierda de ~왼쪽에, cerca de ~ 가까이, lejos de ~ 멀리)도 잘 기억해 두어야 합니다.

Pattern

10 **¿Hay un autobús para el centro?** 시내 중심가로 가는 버스가 있나요?

Hay동사로 존재를 말할 때 쓰이는데 위치를 표현할 수도 있습니다. Hay un gato en la calle. (길에) 고양이 한 마리가 있다.

DAY 09

Pattern

11 **3ensaimadas, por favor.** 엔사이마다 3개 주세요.

스페인어 숫자는 0~15까지 외워 두어야 하지만 16부터는 원리를 이해하면 쉽게 익힐 수 있습니다. '숫자+ por favor' 형태로 음식을 주문할 수도 있습니다.

Pattern

12 **¿Cuánto cuesta?** 얼마예요?

¿Cuánto cuesta?는 가격을 묻는 표현으로 '¿Cúanto vale?, ¿Cúanto es?'와 같은 의미입니다. 화폐 단위도 함께 알아 두면 좋습니다. euro(s) 유로, dólar(es) 달러, won(es) 원

실력 다지기

4 우리말은 스페인어로, 스페인어는 우리말로 쓰고 큰소리로 읽어 보세요.

① 입구 _____ ② (la) salida _____

③ 계단 _____ ④ (el) ascensor _____

⑤ 시장 _____ ⑥ (la) calle _____

5 녹음을 잘 듣고 대화를 완성하세요.

① A: ¿Hay _____ por aquí?

  B: Sí, hay _____ por aquí.

② A: ¿_____ está el baño?

  B: Aquí _____ baño.

③ A: ¿_____ cuesta?

  B: _____ euros.

6 아래 숫자를 스페인어로 쓰세요.

① 48

  ▷ _____

② 72

  ▷ _____

SPAIN

우리만 알고 있는 스페인 이야기

📷 모두 함께 낮잠 자는 시간 'Siesta 시에스타'

스페인의 독특한 문화 한 가지를 꼽으라면 빠지지 않고 등장하는 것이 바로 'Siesta 시에스타' 입니다. 시에스타는 '낮잠'이라는 뜻입니다. 스페인 사람들의 업무시간은 보통 오전 9시~오후 2시까지 근무 후 2~3시간의 시에스타를 즐기고 다시 출근해 3시간 가량 일을 더 합니다. 기온이 높은 남부 지방의 도시로 갈수록 휴식 시간이 길어집니다. 햇빛이 가장 강렬한 시간에는 잠시 휴식을 취하고 다시 업무로 복귀합니다. 스페인 뿐만아니라 지중해 연안의 이탈리아, 그리스, 라틴아메리카 국가들도 시에스타 문화가 있습니다.

📷 스페인 사람? no! 바르셀로나 사람!

여행 중 만난 현지인에게 국적을 물어보면 국명 '스페인' 대신 '바르셀로나' 출신이라고 답하는 경우를 쉽게 만날 수 있습니다. 바르셀로나가 속한 '까딸루냐 주'는 독립을 위한 국민 투표가 치러졌을 만큼 지역 감정이 심한 것으로 유명합니다. 이런 데는 역사·경제적인 이유가 가장 큽니다. 1700년대에 자치권을 잃기까지 까딸루냐는 독립국이나 마찬가지였고 독자적인 문화와 풍습을 오랫동안 지켜왔습니다. 현재 까딸루냐 주가 벌어들이는 관광 수익은 국내 총생산의 거의 20%를 차지하지만, 엄청난 세금에 비해 돌아오는 정부의 지원이 적어 지역민들의 불만을 사고 있습니다.

📷 제대로 놀 줄 아는 그들! 스페인의 축제

수만 명의 사람들이 모여 서로 토마토를 던지며 그들의 몸은 물론 도시 전체를 빨갛게 물들이는 장면을 한 번쯤 본 적 있을 겁니다. 스페인 발렌시아의 작은 마을 'Buñol 부뇰'에서 열리는 이 '토마토 축제'는 세계 3대 축제로 불릴 만큼 유명합니다. 노는 걸로 둘째 가라면 서러운 나라 스페인에는 매년 900여개에 가까운 크고 작은 축제들이 개최됩니다. 대표적으로 소와 사람의 경주 소몰이 축제 '산 페르민' (팜플로냐, 7월)과 대파 축제 '깔솟따다' (발스, 1월), 불의 축제 '라스파야스' (발렌시아, 3월) 등이 있습니다.

📷 소매치기 조심! 스페인의 치안

전반적으로 스페인 도심의 치안은 좋은 편입니다. 어느 나라에서나 밤에 돌아다니는 것은 낮보다 안전하지 않지만 혼자가 아니라면 밤거리를 즐길 수도, 클럽에 갈 수도 있습니다. 스페인에서 여행자를 대상으로 흉기나 총기로 위협하고 상해를 입히는 강력 범죄는 드물지만 가장 조심해야 할 것은 바로 '소매치기'입니다. 소매치기는 낮에도, 밤에도 일어날 수 있고, 그 수법 또한 매우 교묘하여 나도 모르는 사이 도난을 당하는 경우가 많습니다. 가방이나 카메라, 휴대폰 등을 낚아채 도망가는 '날치기' 수법도 흔합니다. 늘 안전에 대한 경계를 늦추지 않는 긴장감이 필요합니다. 사람이 많이 모이는 광장이나 지하철, 기차역에서는 특별히 더욱 조심해야 합니다.

WEEK 03
DAY 11-15

지금 스페인 남부로 떠나요!

이번 주에는?
개인적인 질문을 할 수 있고 방법이나 가능 여부를 표현할 수 있습니다.

세비야 / 하엔 / 말라가 / 그라나다

스페인의 남부 대표 도시인 세비야, 말라가, 그라나다, 하엔을 여행합니다.

DAY 11

세비야
규칙동사의 변화형, 정도 부사 표현

DAY 11 개인적인 질문하기

아블라스 잉글레스
¿Hablas inglés?
너는 영어를 할 수 있니?

 **다시 보기**

◆ **가격 묻기**

¿Cuánto cuesta?   이것이 무엇입니까?

> ¿Cuánto vale?, ¿Cuánto es?도 같은 의미입니다.

◆ **숫자 1~100**

3ensaimadas, por favor.   엔사이마다 3개 주세요.

> 0~15는 무조건 외우기! 16부터는 '십단위 y 일단위'

여행할 곳 미리 보기

세비야는 면적 140km², 인구 70만의 도시로 안달루시아 지방의 문화, 예술, 금융의 중심지입니다. 과달키비르 강하류의 평야지대에 자리 잡아 도시를 조금만 벗어나면 올리브와 포도, 쌀 등을 농사짓는 농촌의 풍경이 펼쳐집니다. 스페인에서 가장 아름다운 광장으로 꼽히는 세비야의 '스페인 광장'은 꼭 둘러봐야 할 명소입니다.

TODAY 스토리 회화

- 소나가 아르헨티나 친구 산티아고와 함께 세비야 광장에서 대화를 나눕니다.
- 오늘의 스토리 회화를 미리 들어보세요.

스토리 미리 듣기 Track 11-01

TODAY 학습 포인트

★ 규칙변화 일반동사 -ar/-er/-ir형의 어미 변화 익히기

★ 정도를 나타내는 부사 표현 배우기

Track 11-02

TODAY 핵심 패턴

13 ¿Hablas inglés?   너는 영어를 할 수 있니?
　　　아블라스　잉글레스

14 ¿Dónde vives?   너는 어디 사니?
　　　돈데　비베스

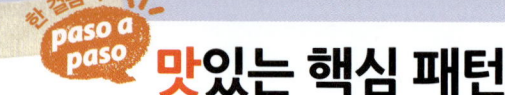 맛있는 핵심 패턴

13

아블라스   잉글레스
¿Hablas inglés? 너는 영어를 할 수 있니?

✓ 규칙변화 일반동사

앞서 배운 Ser, Estar, Hay는 모두 영어의 'be동사'에 해당하는 불규칙동사입니다. 이에 비해 규칙변화 일반동사란 그 뜻이 평범하고 변화도 규칙적입니다. 규칙변화 일반동사의 원형은 -ar, -er, -ir의 어미를 가집니다. 규칙변화 일반동사는 어근은 변하지 않고 어미만 인칭에 따라 변화합니다.

단어
hablar 말하다
(el) español 스페인어

✓ -ar 동사의 어미 변화

-ar, -er, -ir 동사 중 '-ar' 어미의 동사가 90%를 차지하는데 그 대표적인 예가 Hablar 동사입니다.

• **Hablar**(말하다) 동사의 변화형

인칭대명사	동사
Yo	Hablo
Tú	Hablas
Él/Ella/Usted (Ud.)	Habla
Nosotros/-as	Hablamos
Vosotros/-as	Habláis
Ellos/Ellas/Ustedes (Uds.)	Hablan

스페인어 TIP
• hablar는 '말하다'라는 뜻을 가지지만 뒤에 언어 명이 올 경우 '그 언어를 할 수 있다'라는 의미로 해석됩니다.
• 각 국가의 남성형용사는 그 나라의 언어를 뜻하기도 합니다.
coreano 한국어
chino 중국어
japonés 일본어
inglés 영어

¿Hablas español? 너는 스페인어를 할 수 있니?

Sí, hablo español. 응, 나는 스페인어를 할 수 있어.

No, no hablo español. 아니, 나는 스페인어를 못 해.

 주어진 표현을 듣고 따라 해 보세요.

01

아블로 에스빠뇰
Hablo español. 나는 스페인어를 할 수 있다.

아블로 에스빠뇰 운 뽀꼬
Hablo español un poco. 나는 스페인어를 조금 한다.

아블로 에스빠뇰 무이 비엔
Hablo español muy bien. 나는 스페인어를 아주 잘한다.

아블로 에스빠뇰 꼰 플루이데스
Hablo español con fluidez. 나는 스페인어를 유창하게 한다.

단어 • un poco 조금   • muy bien 아주 잘   • con fluidez 유창하게

02

아블라스 잉글레스
¿Hablas inglés? 너는 영어를 할 수 있니?

아블라스 꼬레아노
¿Hablas coreano? 너는 한국어를 할 수 있니?

아블라스 프랑세스
¿Hablas francés? 너는 프랑스어를 할 수 있니?

아블라스 하뽀네스
¿Hablas japonés? 너는 일본어를 할 수 있니?

단어 • (el) inglés 영어   • (el) coreano 한국어   • (el) francés 프랑스어   • (el) japonés 일본어

14

¿Dónde vives? 너는 어디 사니?
돈데   비베스

✓ **-er/-ir 동사의 어미 변화**

-er, -ir동사의 어미 변화는 1,2인칭 복수를 제외하고 같습니다.

	Beber 마시다	**Comer 먹다**
Yo	Bebo	Como
Tú	Bebes	Comes
Él/Ella/Usted(Ud.)	Bebe	Come
Nosotros/-as	Bebemos	Comemos
Vosotros/-as	Bebéis	Coméis
Ellos/Ellas/Ustedes(Uds.)	Beben	Comen

Clara bebe mucha agua. 끌라라는 물을 많이 마십니다.
Yo no como carne. 나는 고기를 먹지 않습니다.

	Abrir 열다	**Vivir 살다**
Yo	Abro	Vivo
Tú	Abres	Vives
Él/Ella/Usted(Ud.)	Abre	Vive
Nosotros/-as	Abrimos	Vivimos
Vosotros/-as	Abrís	Vivís
Ellos/Ellas/Ustedes(Uds.)	Abren	Viven

La profesora abre la ventana. 선생님이 창문을 엽니다.
Él vive en un piso. 그는 아파트에 삽니다.

단어

mucho/a 많은
*수량형용사

(부사 'mucho 많이'와 구분)

(la) carne 고기
profesor/-a 남/여 선생님
(la) ventana 창문
(el) piso 아파트

 **여행 TIP**

과달키비르 강
Río Guadalquivir

하엔 주(州)의 산지로부터 세비야의 남쪽 끝까지 흐르는 과달키비르 강은 도시와 어우러진 그 모습이 마치 프랑스의 '세느 강'과 닮아 있습니다. 강을 따라 산책을 하거나 유람선을 타고 유유자적 강 위를 떠다녀 보세요. 선상 위의 전망은 세비야의 야경을 보기에 더욱 좋습니다.

주어진 표현을 듣고 따라 해 보세요.

03

요 노 꼬모 까르네
Yo no como carne.   나는 고기를 먹지 않습니다.

요 노 꼬모 뻬스까도
Yo no como pescado.   나는 생선을 먹지 않습니다.

요 노 꼬모 실란뜨로
Yo no como cilantro.   나는 고수를 먹지 않습니다.

요 노 꼬모 뽀요
Yo no como pollo.   나는 닭고기를 먹지 않습니다.

단어 • (el) pescado 생선   • (el) cilantro 고수   • (el) pollo 닭고기

04

비보 뽀르 아끼
Vivo por aquí.   나는 이 근처에 살아요.

비보 엔 엘 센트로
Vivo en el centro.   나는 시내 중심가에 살아요.

비보 엔 라 시우닷
Vivo en la ciudad.   나는 도시에 살아요.

비보 엔 엘 깜뽀
Vivo en el campo.   나는 시골에 살아요.

단어 • aquí 여기   • (el) centro 시내 중심가   • (la) ciudad 도시   • (el) campo 시골

 **맛있는 현지 회화**

 회화 듣기 Track 11-07
 직접 따라 말하기 Track 11-08

☼ 소나가 아르헨티나 친구 산티아고와 함께 세비야 광장에서 대화를 나누고 있습니다.

Sona
아이 무초스 뚜리스따스 엑스뜨랑헤로스 엔 세비야
Hay muchos turistas extranjeros en Sevilla…

산띠 아블라스 잉글레스
*Santi, ¿hablas inglés?   *Santiago의 애칭

Santiago
씨 아블로 잉글레스 운 뽀꼬 이 뚜
Sí, hablo inglés un poco. ¿Y tú?

Sona
요 땀비엔 아블로 잉글레스 운 뽀꼬
Yo también hablo inglés un poco.

돈데 비베스 엔 아르헨띠나
¿Dónde vives en Argentina?

Santiago
비보 엔 부에노스 아이레스
Vivo en Buenos Aires.

Track 11-09

단어

- (el) turista 관광객
- también 또한
- extranjero/a 외국의
- dónde 어디에(의문사)
- (el) inglés 영어
- en ~(안)에
- un poco 조금

소나	세비야에는 외국인 관광객이 정말 많다…
	산티, 너 영어 할 줄 알아?
산티아고	응, 영어 조금 할 줄 알아. 너는?
소나	나도 영어는 조금 할 줄 알아.
	아르헨티나 어디에 살아?
산티아고	난 부에노스 아이레스에 살아.

맛있는 회화 TIP

Yo también. 나도 너와 같아!

상대방과의 공통점을 찾는 것만큼이나 자연스럽게 가까워지는 방법이 있을까요? 'también ~또한 ~이다'은 상대방의 의견에 공감을 나타낼 때 사용하는 표현으로 긍정문에 쓰고, 부정문일 때는 'tampoco ~또한 ~가 아니다'를 씁니다.

긍정문	A: Hablo español. 나는 스페인어를 할 수 있어.
	B: Yo también hablo español. 나도 스페인어를 할 줄 알아.
부정문	A: No hablo español. 나는 스페인어를 못해.
	B: Yo tampoco hablo español. 나도 스페인어를 못해.

맛있는 연습 문제

1 녹음을 잘 듣고 대화를 완성하세요.

A Hay muchos turistas _____ en Sevilla…

   Santi, ¿_____ inglés?

B Sí, hablo inglés _____. ¿Y tú?

A Yo _____ hablo inglés un poco.

   ¿Dónde _____ en Argentina?

B _____ en Buenos Aires.

2 우리말에 알맞은 스페인어를 쓴 뒤, 큰 소리로 읽어 보세요.

① 너는 고기를 먹니?

   _____

② 아니, 난 고기를 먹지 않아.

   _____

3 다음 그림을 보고 아래 질문에 답하세요.

①

¿Qué idioma hablan ellos?

②

¿Qué come el niño?

지금 떠나는 여행 속 스페인
España

Sevilla
세비야

España

　세계인들에게 각인된 스페인의 이미지는 크게 두 가지로 나눌 수 있습니다. '호날두와 메시가 먼저 떠오르는 축구의 나라, 클럽과 파티의 섬 이비자, 청년 실업률 50%의 경제 위기'와 같은 현대 스페인의 이미지와 '빨간 드레스와 검은 중절모의 플라멩꼬, 붉은 빛 천을 휘날리는 투우사, 구슬픈 선율의 클래식 기타 연주곡'과 같은 고전적 스페인 이미지입니다. 스페인의 안달루시아 지역, 그 중에서도 안달루시아의 심장이라 불리는 세비야에서 우리가 상상해온 스페인의 모든 고전을 느낄 수 있습니다.

 **세비야, 추천 여행 코스!!**

스페인 광장

스페인 어느 도시에서나 만날 수 있는 것이 바로 광장이지만, 세비야의 '**스페인 광장 Plaza de España**'은 가장 아름다운 광장으로 유명합니다.

하몽

어디서나 만날 수 있는 스페인의 대표 음식 **하몽**. 돼지 뒷다리를 통째로 소금에 절여 숙성시킨 것으로 얇게 잘라 빵, 치즈, 달콤한 과일 등과 함께 먹습니다.

메트로폴 파라솔

세비야의 새로운 랜드마크 **메트로폴 파라솔**은 2011년 완공된 마치 거대한 버섯처럼 생긴 목조 건물입니다. 행인들의 그늘이 되어 주기도 하고 옥상에는 전망대도 마련되어 있습니다.

DAY 12 날씨 표현하기

Hace muy buen tiempo hoy.
오늘 날씨가 아주 좋아.

지난 학습 다시 보기

- **일반동사 -ar형을 활용한 문장 만들기**
  ¿Hablas inglés? 너 영어를 할 수 있니?

  > 모든 -ar 동사의 어미는
  > -o, -as, -a, -amos, -áis, -an으로 변해요!

- **일반동사 -er/-ir형을 활용한 문장 만들기**
  ¿Dónde vives? 너 어디 사니?

  > 모든 -er/-ir 동사의 어미는
  > -o, -es, -e, -emos, -éis, -en 으로 변해요!
  > -imos, -ís

여행할 곳 미리 보기

말라가는 스페인 남부 지중해 연안에 자리 잡은 면적 398km², 인구 60만의 도시입니다. 말라가는 세계적인 화가 피카소의 고향으로 그는 이곳에서 태어나 열 살까지 어린 시절을 보냈습니다. 그가 태어난 생가를 개조해 만든 피카소 미술관에는 연중 관광객들의 발길이 끊이지 않으며 거리 곳곳에서도 그의 작품들을 볼 수 있습니다.

TODAY 스토리 회화

- 미노와 달리아가 전화 통화 중입니다.
- 오늘의 스토리 회화를 미리 들어보세요.

TODAY 학습 포인트

★ 불규칙동사 I : 1인칭 단수 불규칙

★ Hacer '하다', '만들다' 동사를 활용한 날씨 표현하기

TODAY 핵심 패턴

15 ¿Qué haces ahora? 지금 뭐해?

16 Hace muy buen tiempo hoy. 오늘 날씨가 아주 좋아.

맛있는 핵심 패턴

15

¿Qué haces ahora? 지금 뭐해?

✓ 불규칙동사 I : 1인칭 단수 불규칙형

불규칙동사의 형태는 총 4가지 유형으로 나눌 수 있습니다. 그 첫 번째는 1인칭 단수 불규칙형으로 1인칭 단수 주어(yo)와 같이 쓰일 때만 특별한 변화형을 갖는 동사입니다.

• Hacer(하다, 만들다) 동사 변화

인칭대명사	동사	인칭대명사	동사
Yo	hago	Nosotros/-as	hacemos
Tú	haces	Vosotros/-as	hacéis
Él/Ella/Usted (Ud.)	hace	Ellos/Ellas/Ustedes (Uds.)	hacen

A ¿Qué haces esta noche? 오늘 밤에 뭐하니?

B Yo no hago nada. 나는 아무것도 안 해.

Yo ceno con mis padres. 나는 부모님과 저녁 식사를 해.

Veo una película. 나는 영화를 한 편 봐.

단어
esta noche 오늘 밤
nada 아무것도 아닌
cenar 저녁을 먹다(규칙)
con ~와 함께
padres 부모님
ver 보다
(la) película 영화

스페인어 TIP
기타 1인칭 단수 불규칙형의 동사에는 ver, salir, dar 등이 있습니다.

· ver 보다

veo	vemos
ves	veis
ve	ven

· salir 나가다, 출발하다

salgo	salimos
sales	salís
sale	salen

· dar 주다

doy	damos
das	dais
da	dan

주어진 표현을 듣고 따라 해 보세요.

01

¿Qué hace Ud.? 당신은 뭐하십니까?

¿Qué hace tu hermano? 네 형은 뭐하니?

¿Qué hacéis vosotros? 너희들 뭐하니?

¿Qué hacen ellos? 그들은 뭐하니?

단어 · hermano 남자 형제(동생, 오빠, 형)

02

¿Qué haces esta tarde? 너 오늘 오후에 뭐하니?

¿Qué haces hoy? 너 오늘 뭐하니?

¿Qué haces mañana? 너 내일 뭐하니?

¿Qué haces este fin de semana? 너 이번 주말에 뭐하니?

단어 · esta tarde 오늘 오후 · hoy 오늘 · mañana 내일 · (el) fin de semana 이번 주말

16

Hace muy buen tiempo hoy. 오늘 날씨가 아주 좋아.

✓ Hacer(하다, 만들다)동사로 날씨 표현하기

스페인어로 날씨를 묻는 표현은 '¿Qué tiempo hace?'입니다. 주어가 드러나지 않지만 '어떤 날씨(tiempo)를 만드니?'라고 기억하면 쉽습니다. 대답을 할 때는 'Hace+명사'라고 표현하면 됩니다.

¿Qué timepo hace hoy? 오늘 날씨가 어때?

Hace (mucho) calor. 날씨가 (매우) 더워.

Hace (mucho) frío. 날씨가 (매우) 추워.

Hace (muy) buen tiempo. 날씨가 (아주) 좋아.

bueno 좋은, malo 나쁜, primero 첫 번째의, tercero 세 번째의 등의 형용사들은 주로 명사 앞에서 수식하며, 남성 단수 명사 앞에 쓰일 때는 'o'가 탈락합니다.

buen día 좋은 날   mal día 나쁜 날
primer día 첫째 날   tercer día 셋째 날

단어
(el) tiempo 날씨
hoy 오늘
(el) calor 더위
(el) frío 추위
bueno/a 좋은

 **여행 TIP**

히브랄파로 성
Castillo de Gibralfaro

14세기 이슬람 성 '히브랄파로'에 가기 위해서는 마음의 준비가 조금은 필요합니다. 땡볕 아래 꽤 가파르고 먼 길을 오르는 것은 쉽지 않습니다. 그러나 일단 성 중턱의 전망대까지 도착하면 모든 피로는 사라질 겁니다. 시내 중심의 투우장부터 지중해의 수평선까지 한눈에 아름다운 광경이 펼쳐집니다.

주어진 표현을 듣고 따라 해 보세요.

03

¿Qué tiempo hace en Seúl? 서울 날씨가 어떠니?

¿Qué tiempo hace en Corea? 한국 날씨가 어떠니?

¿Qué tiempo hace en tu ciudad? 너의 도시의 날씨는 어떠니?

¿Qué tiempo hace en el Sur de España? 스페인 남부 날씨가 어떠니?

단어 · en ~에, 안에   · (la) ciudad 도시   · (el) sur 남쪽

04

Hace mal tiempo. 날씨가 안 좋아.

Hace mucho sol. 해가 쨍쨍해.

Hace mucho viento. 바람이 많이 불어.

Hace fresco. 선선해

단어 · malo/a 나쁜   · (el) sol 태양   · (el) viento 바람   · (el) fresco 선선함

 **맛있는 현지 회화**

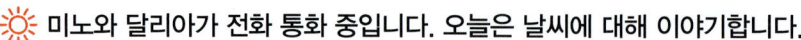 미노와 달리아가 전화 통화 중입니다. 오늘은 날씨에 대해 이야기합니다.

Dalia ¿Qué haces ahora?

Mino Estudio para el examen. ¿Y tú?

Dalia Estoy en el parque con mi perro.

Mino ¿Qué tiempo hace hoy?

Dalia Hace muy buen tiempo hoy.

¡Qué hermoso día!

단어

- ahora 지금
- (el) parque 공원
- hermoso/a 아름다운
- (el) examen 시험
- hoy 오늘
- para ~을 위해
- (el) perro 강아지
- estudiar 공부하다
- con ~와 함께
- (el) día 날, 하루

달리아	너 지금 뭐해?
미노	시험 공부를 하고 있어. 너는?
달리아	강아지하고 공원에 있어.
미노	오늘 날씨 어떠니?
달리아	오늘 날씨가 아주 좋아. 정말 아름다운 날이야!

맛있는 회화 TIP

감정 백배 표현하기 "Qué 감탄문" 만들기

감정 표현이 풍부한 스페인 사람들은 감탄문을 많이 사용하는데 방법은 아주 간단합니다. "Qué+형·명사·부사(+동사)"의 형태로, 모든 품사 앞에 Qué 만 붙이면 됩니다.

¡Qué rico! 와 정말 맛있어! (형용사)
¡Qué suerte! 이런 행운이! (명사)
¡Qué bien! 정말 잘됐다! (부사)

맛있는 연습 문제

1 녹음을 잘 듣고 대화를 완성하세요.

A ¿Qué _____ ahora?

B _____ para el examen. ¿Y tú?

A Estoy en _____ con mi perro.

B ¿Qué _____ hace hoy?

A Hace muy _____ hoy.

¡_____ hermoso día!

2 우리말에 알맞은 스페인어를 쓴 뒤, 큰 소리로 읽어 보세요.

① 날씨가 많이 더워요.

  _____

② 너 이번 주말에 뭐하니?

  _____

3 다음 사진을 보고 아래 질문에 답하세요.

①

A ¿Qué tiempo hace?

B _____

②

A ¿Qué tiempo hace?

B _____

지금 떠나는 여행 속 스페인
España

Málaga
말라가

스페인 최남단의 지중해와 맞닿은 해안선을 '코스타 델 솔 Costa del Sol(태양의 해변)'이라 부릅니다. 말라가는 여러 도시를 걸쳐 이어지는 코스타 델 솔 해안의 정중앙에 자리잡고 있습니다. 그리고 이곳은 스페인의 천재 화가 '피카소'의 고향이기도 합니다. 푸른 빛의 지중해를 마주하고 아프리카를 바라보는 지리적 특별함이 예술가들에게 창작의 영감을 주는 것일까요? 말라가의 도시 곳곳에서는 거리의 예술가들을 많이 만날 수 있습니다.

말라가, 추천 여행 코스!!

피카소 박물관

후손들이 기증한 200여점의 피카소 작품들을 만나볼 수 있는 피카소 박물관. 멀지 않은 곳에 피카소의 생가도 위치하고 있어요.

감바스 알 아히요

작은 냄비에 새우, 올리브유, 마늘을 잔뜩 넣고 끓여낸 감바스 알 아히요. 남은 올리브유는 바게트를 푹 적셔서 먹어보면 꿀맛입니다.

프리힐리아나

말라가에서 30분 정도 떨어진 작은 마을 프리힐리아나는 산 중턱에 하얀 집들이 옹기종기 모여 있어, 스페인의 '산토리니'라 불리는 곳입니다.

DAY 12 오늘 날씨가 아주 좋아.

DAY 13 의향 묻고 답하기

¿Qué quieres comer?
뭐 먹을래?

지난 학습 다시 보기

- **1인칭 단수 불규칙동사 'Hacer' '하다', '만들다'**

  ¿Qué haces ahora? 지금 뭐해?

  > hacer는 1인칭단수에서 hago로 변화하고 나머지 인칭에서는 규칙변화를 합니다.

- **날씨 표현하기**

  Hace muy buen tiempo hoy. 오늘 날씨가 아주 좋아.

  > 'Hace+명사'로 날씨를 표현합니다.
  > Hace viento. 바람이 분다.

여행할 곳 미리 보기

그라나다는 남부 안달루시아 지방의 도시로 88.02km² 의 면적에 약 24만 명의 인구가 거주하고 있습니다. 과거 800년간의 이슬람 지배를 받았던 스페인 내 이슬람 세력의 마지막 근거지였으나 1492년 이사벨 여왕에 의해 함락되었습니다. 만년설이 있는 시에라 네바다 산맥 북쪽에 700m 고원지대에 위치해 있어 스페인에서 스키를 즐길 수 있는 곳으로도 유명합니다.

TODAY 스토리 회화

- 소나와 우고가 저녁 식사를 함께 합니다.
- 오늘의 스토리 회화를 미리 들어보세요.

스토리 미리 듣기 Track 13-01

TODAY 학습 포인트

★ 불규칙동사 Ⅱ : 어간 모음 e→ie 변화형

★ 간접목적격 대명사의 활용

TODAY 핵심 패턴

Track 13-02

17 ¿Qué quieres comer?　뭐 먹을래?

18 ¿Qué me recomiendas?　나에게 무엇을 추천하니?

17

¿Qué quieres comer? 뭐 먹을래?

✓ 불규칙동사 II: 어간 모음 e → ie 변화형

불규칙동사의 유형 중 가장 많은 비중을 차지하는 것은 바로 '어간 모음 변화형'입니다. -ar/-er/-ir의 어미 변화+어간 모음 중 하나가 다른 형태로 변화합니다. 이때 1, 2인칭 복수에서는 모음 변화가 일어나지 않습니다.

'Querer'동사는 어간 모음 e가 ie로 바뀌는 불규칙동사입니다.

단어
qué 무엇
(el) café con leche 카페라떼
cenar 저녁식사하다
conmigo 나와 함께

• **Querer**(~을 원하다, ~하는 것을 원하다) 동사 변화

인칭대명사	Querer 동사
Yo	quiero
Tú	quieres
Él/Ella/Usted (Ud.)	quiere
Nosotros/-as	queremos
Vosotros/-as	queréis
Ellos/Ellas/Ustedes (Uds.)	quieren

 스페인어 **TIP**

*기타 e → ie 변화 동사
entender → yo entiendo 이해하다
pensar → yo pienso 생각하다
empezar → yo empiezo 시작하다

A ¿Qué quiere Ud.? 무엇을 원하십니까?

B Quiero un café con leche, por favor. 라떼 한 잔 주세요.

¿Qué quieres hacer? 무엇을 하고 싶니?

¿Quieres cenar conmigo? 나랑 저녁 먹을래?

*'원하다, 원치 않다'는 의견을 물을 뿐만 아니라 '~할래?' 하고 제안하는 표현으로도 쓰입니다.

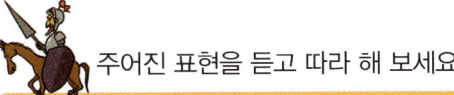 주어진 표현을 듣고 따라 해 보세요.

01

¿Quieres una cerveza? 맥주 한 잔 할래?

¿Quieres un té? 차 한 잔 할래?

¿Quieres una copa de vino? 와인 한 잔 할래?

¿Quieres una foto? 사진 한 장 찍을래?

단어 · (el) té 차 · (la) copa 잔 · (el) vino 와인 · (la) foto 사진

02

Quiero viajar por Portugal. 나는 포르투갈을 여행하고 싶어.

Quiero ver una película. 나는 영화를 보고 싶어.

Quiero descansar un poco. 나는 좀 쉬고 싶어.

Quiero bailar contigo. 나는 너와 함께 춤추고 싶어.

단어 · viajar por ~을 여행하다 · ver 보다 · (la) película 영화 · descansar 쉬다
· bailar 춤추다 · contigo 너와 함께

18

¿Qué me recomiendas? 나에게 무엇을 추천하니?

✓ Recomendar동사 '추천하다'

Recomendar동사는 Querer와 같이 어간 모음 e가 ie로 변하는 불규칙변화를 하는 동사입니다. Recomendar 동사의 목적어로는 명사, 동사가 모두 올 수 있습니다.

¿Qué me recomiendas? 내게 무엇을 추천하니?

Te recomiendo el gazpacho. 너에게 가스파초를 추천해.

Te recomendamos el gazpacho. 우리는 너에게 가스파초를 추천해.

✓ 간접목적격 대명사 '~에게'

간접목적격 대명사를 활용하여 문장을 좀 더 다양하게 표현할 수 있는데, 그 위치는 동사 앞에 두면 됩니다.

me	나에게	nos	우리에게
te	너에게	os	너희에게
le	그, 그녀, 당신에게 (3인칭 단수 전체)	les	그들, 그녀들, 여러분에게 (3인칭 복수 전체)

Él me regala un anillo. 그는 나에게 반지를 선물한다.

Yo le regalo una rosa a ella. 나는 그녀에게 장미를 선물한다.

*3인칭의 경우 정확한 대상을 밝히기 위해 중복형을 씁니다.

단어

recomendar 추천하다
(el) gazpacho (스페인식) 토마토 스프
regalar 선물하다
(el) anillo 반지

 **여행 TIP**

알카이세리아
Alcaicería

일명 '아랍 거리'로 불리는 알카이세리아는 과거 이슬람 지배 시절 실크 거래의 주무대였습니다. 현재는 좁은 골목 빼곡히 아랍 스타일의 옷과 가방, 악세사리 등을 판매하고 있습니다. 기념품 구매를 원하는 여행자들은 꼭 거쳐 가야할 필수 코스입니다.

주어진 표현을 듣고 따라 해 보세요.

03

¿Qué me recomiendas? 너는 나에게 무엇을 추천하니?

¿Qué me recomienda Ud.? 당신은 나에게 무엇을 추천합니까?

¿Qué me recomendáis? 너희들은 나에게 무엇을 추천하니?

¿Qué me recomiendan Uds.? 여러분은 나에게 무엇을 추천합니까?

단어 • qué 무엇

04

Te regalo un reloj. 나는 너에게 시계를 선물한다.

Le regalo un reloj a mi papá. 나는 우리 아빠에게 시계를 선물한다.

Os regalo un reloj. 나는 너희에게 시계를 선물한다.

Les regalo un reloj a Uds. 나는 여러분에게 시계를 선물합니다.

단어 • (el) reloj 시계

 **맛있는 현지 회화**

 회화 듣기 Track 13-07
 직접 따라 말하기 Track 13-08

☀ 소나와 우고가 저녁 식사를 함께 합니다.

Hugo ¿Qué quieres comer?

Sona ¿Qué me recomiendas?

Hugo Te recomiendo el gazpacho.

Es una sopa fría de tomate.

Sona Vale. Quiero probarlo. ¿Y tú?

Hugo Yo quiero una caña y tapas.

단어 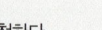 Track 13-09

- comer 먹다
- (el) gazpacho (스페인식) 토마토 수프
- frío/a 차가운
- probar 시도하다
- (las) tapas 타파스(스페인 요리)
- recomendar 추천하다
- (la) sopa 수프
- (el) tomate 토마토
- (la) caña 생맥주

우고 　무엇을 먹고 싶니?

소나 　나에게 무엇을 추천해?

우고 　가스파초를 추천해.

　　　차가운 토마토 수프야.

소나 　좋아. 그걸 먹어보고 싶어. 너는?

우고 　나는 생맥주와 타파스를 먹을래.

맛있는 회화 TIP

영어에는 OK! 스페인어에는 ¡Vale!

'OK 오케이'는 영어이지만 대체할만한 한글 표현을 찾는 것조차 어려울 만큼 우리 생활에서 많이 사용되는 표현입니다. 스페인어의 'OK 좋아'에 해당하는 표현은 'Vale' 입니다. 상대방의 제안을 수락하거나 확인, 동의를 구할 때도 ¿Vale? 하고 되물으면 됩니다. 아르헨티나 등 일부 남미 지역에서는 'Vale'가 아닌 'Dale'를 씁니다.

 맛있는 연습 문제

1 녹음을 잘 듣고 대화를 완성하세요.

A ¿Qué _____ comer?

B ¿Qué me _____ ?

A _____ recomiendo el gazpacho.

  Es una sopa _____ de tomate.

B _____ . Quiero probarlo. ¿Y tú?

A Yo _____ una caña y tapas.

2 다음 질문에 스페인어로 대답해 보세요.

① ¿Qué quieres hacer hoy?

   _____

② ¿Qué es el gazpacho?

   _____

3 밑줄 친 부분에 알맞은 스페인어를 빈칸에 쓰세요.

① _____ recomiendo el kimchi.

  나는 <u>너에게</u> 김치를 추천해.

② _____ recomiendo el galbi.

  나는 <u>너희에게</u> 갈비를 추천해.

지금 떠나는 여행 속 스페인
España

Granada
그라나다

구슬픈 선율의 기타 연주곡 '알람브라 궁전의 추억'을 기억하시나요? 그 기타 명곡에 등장하는 알람브라 궁전이 있는 도시가 '그라나다 Granada' 입니다. 과거 스페인은 800년간 이슬람 제국에 지배를 받았습니다. 국토 회복 운동을 통해 이슬람 세력을 점차 몰아내기 시작했고, 8세기 동안의 이슬람 시대는 최후의 왕국 그라나다가 함락되며 비로소 막을 내리게 됩니다. 한 가지 재미있는 사실은 카톨릭이 국교인 스페인 사람들이 그라나다를 정복 후 알람브라 궁전을 교회로 개조해 사용했을 만큼 궁전의 아름다움을 인정했다고 합니다.

 **그라나다, 추천 여행 코스!!**

알람브라 궁전

알람브라 궁전을 보기 위해 수많은 관광객이 그라나다를 찾습니다. 원하는 날짜의 표가 매진될 수가 많으니 2-3개월 전 인터넷 예약이 필수입니다.

그라나다 케밥

이슬람 이민자가 많은 그라나다에는 아랍 음식점이 눈에 많이 띕니다. 유명 **그라나다 케밥** 전문점에서 저렴한 가격에 푸짐한 한 끼 식사를 먹을 수 있습니다.

알바이신 지구

알바이신 지구는 옛 이슬람 교도들의 거주지입니다. 이곳에는 100개가 넘는 좁은 골목들이 있어 길을 잃기 쉽고, 으슥한 분위기 때문에 범죄가 잦은 곳이니 조심하셔야 합니다.

DAY 14
방법과 가능 여부 구하기

¿Cómo puedo ir a la plaza?
광장까지 어떻게 가지?

 지난 학습 다시 보기

◆ **의향 묻기**

¿Qué quieres comer?   뭐 먹을래?

> querer 동사는 목적어로 명사와 동사원형을 모두 쓸 수 있습니다.

◆ **간접목적격의 활용**

¿Qué me recomiendas?   나에게 무엇을 추천하니?

> 간접목적격 me, te, le, nos, os, les를 활용해 문장을 조금 더 길게 만들어 봐요!

 여행할 곳 미리 보기

하엔은 면적 424km², 인구 11만 5천의 안달루시아 지방 도시입니다. 하엔은 세계에서 가장 큰 올리브 농장과 약 5천만 그루의 올리브 나무가 있는 세계적인 올리브 산지입니다. 올리브유와 와인 생산을 주요 경제 활동의 기반으로 두고 있는 농업 도시입니다. 하엔 도시 곳곳에 있는 올리브 박물관에 들러 우리가 먹는 올리브유의 역사와 생산 과정을 모두 살펴볼 수도 있습니다.

- 미노가 달리아에게 우산을 빌리려고 합니다.
- 오늘의 스토리 회화를 미리 들어보세요.

★ 불규칙동사 II : 어간 모음 o→ue 변화형

★ 직접목적격 대명사의 활용

19 ¿Cómo puedo ir a la plaza? 광장까지 어떻게 가지?

20 Yo te llevo en coche. 내가 차로 데려다줄게.

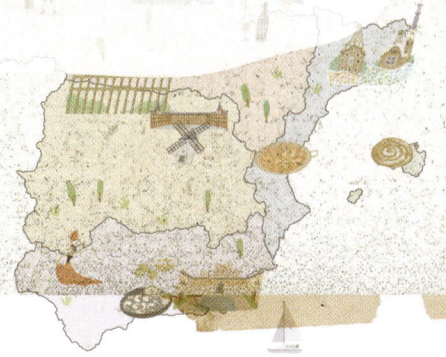

맛있는 핵심 패턴

19

¿Cómo puedo ir a la plaza? 광장까지 어떻게 가지?

✓ 불규칙동사 II : 어간 모음 o → ue 변화형

Poder동사는 어간 모음 o가 ue로 바뀌는 불규칙동사이고, 목적어로 동사 원형만이 올 수 있습니다.

• **Poder**(할 수 있다) 동사 변화

인칭대명사	동사
Yo	puedo
Tú	puedes
Él/Ella/Usted (Ud.)	puede
Nosotros/-as	podemos
Vosotros/-as	podéis
Ellos/Ellas/Ustedes (Uds.)	pueden

Poder동사는 목적어로 쓰이는 동사의 뜻에 따라 능력, 허락, 가능, 방법 등을 표현할 수 있습니다.

¿Puedes tocar el piano? 너 피아노 칠 수 있니? (능력)

¿Puedo abrir la puerta? 문 좀 열어도 될까요? (허락)

¿Puedo pasar? 지나가도 될까요? (가능)

¿Cómo puedo ir a la plaza? 광장까지 어떻게 가지? (방법)

단어
cómo 어떻게
ir a (장소) ~로 가다
(la) plaza 광장
tocar 만지다, 연주하다
(el) piano 피아노
(la) puerta 문
pasar 지나가다

 스페인어 TIP

*기타 o→ue 변화 동사
recordar → yo recuerdo
기억하다
almorzar → yo almuerzo
점심먹다
dormir → yo duermo
자다

 주어진 표현을 듣고 따라 해 보세요.

Track 14-04

01

¿Puedes tocar el piano?   피아노 칠 수 있니?

¿Puedes bailar Salsa?   살사를 출 수 있니?

¿Puedes nadar?   수영할 수 있니?

¿Puedes hacer la paella?   빠에야를 만들 수 있니?

단어   • bailar 춤추다   • nadar 수영하다   • hacer 만들다, 하다   • (la) paella 스페인식 볶음밥

02

¿Puedo entrar?   들어가도 될까요?

¿Puedo usar el baño?   화장실을 사용해도 될까요?

¿Puedo pagar con tarjeta?   카드로 지불할 수 있나요?

¿Puedo ver el menú?   메뉴판을 볼 수 있을까요?

단어   • entrar 들어가다   • usar 사용하다   • (el) baño 화장실   • pagar 지불하다   • con tarjeta 카드로
• ver 보다

DAY 14   광장까지 어떻게 가지?

20

Yo te llevo en coche. 내가 차로 데려다줄게.

✓ 직접목적격 대명사 '~을/를'

직접목적격 대명사를 활용하면 좀 더 긴 문장을 만들 수 있습니다. 동사가 변형되었을 경우 동사 앞, 동사가 원형인 경우에는 동사 바로 뒤, 위치는 간접목적격과 같습니다. 3인칭의 경우 중복형을 쓰는 것도 같습니다.

me	나를	nos	우리를
te	너를	os	너희를
lo/la	그, 그녀, 당신을 (3인칭 단수 전체)	los/las	그들, 그녀들, 여러분을 (3인칭 복수 전체)

(변형) **Te** llevo a casa. 너를 집에 데려다줄게.

(원형) Quiero llevar**te** a casa. 너를 집에 데려다 주고 싶어.

　　　=**Te** quiero llevar a casa. ★목적격은 조동사 앞에 위치해도 됩니다.

(변형) ¿**Me** ayudas? 나를 도와줄래?

(원형) ¿Puedes ayudar**me**? 나를 도와줄 수 있니?

단어
llevar 가져가다, 데려다주다
querer 좋아하다, 원하다
ayudar 돕다

 여행 TIP

알사버스
Autobuses de ALSA
스페인의 버스는 작은 시골 마을까지 노선이 잘 연결되어 있는 편입니다. 여행자들이 가장 많이 애용하는 버스 회사는 바로 'ALSA'입니다. 스페인에서 가장 큰 규모의 버스 회사로 전국적인 노선을 갖추고 있습니다. 홈페이지를 통한 노선 검색 및 예약이 가능합니다.

 주어진 표현을 듣고 따라 해 보세요.

03

Te amo.   나는 너를 사랑한다.

La amo (a ella).   나는 그녀를 사랑한다.

Lo amo (a él).   나는 그를 사랑한다.

Os amo.   나는 너희를 사랑한다.

단어 • amar 사랑하다

04

Quiero verte.   나는 너를 보고 싶다.

Quiero verla.   나는 그녀를 보고 싶다.

Quiero veros.   나는 너희들을 보고 싶다.

Quiero verlos a Uds..   나는 여러분을 보고 싶다.

단어 • ver 보다

 **맛있는 현지 회화**

☀️ 미노가 달리아에게 우산을 빌리려 합니다.

Mino	¿Cómo puedo ir a la plaza?
Dalia	Puedes ir a pie.
Mino	Pero llueve muchísimo.
	¿Puedo usar tu paraguas?
Dalia	¿Ah sí? Pues, yo te llevo en coche.
Mino	Muchas gracias. ¡Qué amable eres!

단어

- ir a 장소 ~로 가다
- usar 사용하다
- llevar 가져가다, 데려다주다
- amable 친절한
- a pie 걸어서
- (el) paraguas 우산
- (el) coche 자동차

우리말→스페인어 말하기 Track 14-10

미노	광장에 어떻게 가지?
달리아	걸어갈 수 있어.
미노	그런데, 비가 아주 많이 와. 네 우산을 좀 써도 될까?
달리아	아 그래? 그러면 내가 차로 데려다줄게!
미노	고마워. 넌 정말 친절해!

맛있는 회화 TIP

'많은 것'보다 '더 많은 것'은? Mucho와 Muchísimo

어미를 바꿔 최상급을 표현할 수 있습니다. 형용사, 부사 모두 단어의 마지막 철자를 제거하고 "-ísimo"를 붙이면 됩니다. 다만 형용사의 경우 수식하는 명사에 성과 수를 일치해야 합니다.

(형용사) Muchas gracias. → Muchisímas gracias. 대단히 감사합니다.

(부사) Él estudia mucho. → Él estudia muchísimo. 그는 공부를 정말 열심히 한다.

(부사) Ella llega tarde. → Ella llega tardísimo. 그녀가 매우 늦게 도착한다.

DAY 14 광장까지 어떻게 가지?

맛있는 연습 문제

1 녹음을 잘 듣고 대화를 완성하세요.

A ¿Cómo _____ ir a la plaza?

B _____ ir a pie.

A Pero _____ muchísimo.

¿Puedo _____ tu paraguas?

B ¿Ah sí? Pues, yo te _____ en coche.

A Muchas gracias. ¡Qué _____ eres!

2 우리말에 알맞은 스페인어를 쓴 뒤, 큰 소리로 읽어 보세요.

① 너를 많이 좋아해.

_____

② 너는 날 좋아하지 않아.

_____

3 주어진 동사를 활용해 그림 속 날씨를 묘사해 보세요.

①

Llover(o:ue)

_____

②

Nevar(e:ie)

_____

지금 떠나는 여행 속 스페인
España

Jaén
하엔

관광 대도시인 그라나다에서 한 시간이 채 걸리지 않는 지역이지만 하엔은 그리 많은 관광객들이 찾는 도시가 아닙니다. '올리브만 있는 도시'라는 인식이 강하기 때문입니다. 그렇지만 올리브를 사랑하는 사람들에게 하엔은 '올리브가 있는 도시'입니다. 세계 올리브유의 10%가 이곳 하엔에서 생산됩니다. 까냐(맥주) 한 잔을 시키면 절인 올리브가 기본으로 제공되고, 타파스와 모든 요리의 재료로 올리브가 쓰입니다. 어디로 눈을 돌려도 항상 올리브가 보입니다. 그야말로 올리브 천국입니다.

하엔, 추천 여행 코스!!

우베다

하엔에서 버스로 15분 정도 이동하면 **우베다**에 도착합니다. 우베다는 해발 750m 고원 도시로, 내려다 보이는 주변 지역의 풍경은 온통 올리브입니다.

가스파초

가스파초는 안달루시아에서 유래된 시원한 토마토 스프입니다. 토마토를 피망, 오이, 얼음, 식초 등과 함께 갈아 만듭니다. 물론 올리브도 당연히 들어 갑니다.

올리브 박물관 투어

하엔 지역의 여러 곳에서 **올리브 박물관 투어**를 할 수 있습니다. 올리브 나무의 성장부터 올리브유를 만드는 과정까지 가이드의 설명을 듣고 투어의 마지막에는 올리브유를 맛 볼 수 있도록 빵과 함께 내어줍니다.

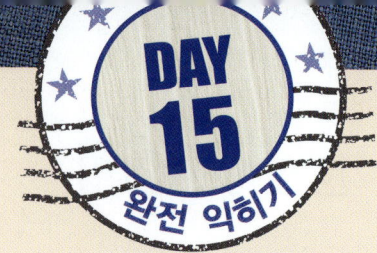

셋째 주 다시 보기 DAY 11-14

이번 주 핵심 패턴

DAY 11

Pattern
13 **¿Hablas inglés?** 너 영어 할 수 있니?

규칙변화 동사 중 가장 큰 비중을 차지하는 -ar형의 어미 변화는 다음과 같습니다.
–o, -as, -a, -amos, -áis, -an

Pattern
14 **¿Dónde vives?** 너는 어디 사니?

규칙변화 동사 –er, -ir의 어미 변화는 1,2인칭 복수를 제외하고 같습니다.
(-er) –o, -es, -e, **-emos**, **-éis**, -en   (-ir) –o, -es, -e, **-imos**, **-ís**, -en

DAY 12

Pattern
15 **¿Qué haces ahora?** 지금 뭐해?

'Hacer 하다', '만들다' 동사는 1인칭 단수(yo) 불규칙변화 동사입니다. Yo **hago** la tarea. 나는 숙제를 한다. *기타 1인칭 단수 불규칙변화 동사는 salir 나가다(Yo **salgo**), dar 주다 (Yo **doy**) 등이 있습니다.

Pattern
16 **Hace muy buen tiempo.** 오늘 날씨가 아주 좋아.

Hacer동사로 날씨를 묻고 답할 수 있습니다. 대답은 'Hace+명사'로 합니다.
¿Qué tiempo hace? 날씨가 어때? –Hace viento. 바람이 불어.

실력 다지기

1 우리말은 스페인어로, 스페인어는 우리말로 쓰고 큰소리로 읽어 보세요.

① 영어 _____
② (el) pollo _____
③ 스페인어 _____
④ (la) ciudad _____
⑤ 조금 _____
⑥ hoy _____

2 녹음을 잘 듣고 대화를 완성하세요.

① A: ¿Qué _____ hace hoy?

B: Hace _____.

② A: ¿_____ español?

B: Sí, pero _____.

③ A: Clara _____ mucha carne. ¿Y tú?

B: También _____ mucha carne.

3 주어진 우리말에 맞는 스페인어 표현을 쓴 뒤, 큰 소리로 읽어 보세요.

① 당신은 어디에 사십니까?

▷ _____

② 저는 이 근처에 살아요.

▷ _____

> 이번 주 핵심 패턴

DAY 13

Pattern

17 **¿Qué quieres comer?** 뭐 먹을래?

Querer '~을 원하다', '~하는 것을 원하다' 동사는 어간 모음 불규칙동사입니다. 어간 모음 'e'가 'ie'로 변화합니다. (quiero quieres quiere queremos queréis quieren)
Quiero un vaso de agua. 나는 물 한잔을 원해요.

Pattern

18 **¿Qué me recomiendas?** 나에게 무엇을 추천하니?

간접목적격 대명사(me, te, le, nos, os, les)를 활용해 좀 더 긴 문장을 만들 수 있습니다. 목적격은 동사 바로 앞에 위치합니다. Te recomiendo la paella. 너에게 빠에야를 추천해.

DAY 14

Pattern

19 **¿Cómo puedo ir a la plaza?** 광장까지 어떻게 가지?

'Poder ~을 할 수 있다' 동사는 어간 모음 'o'가 'ue'로 변화합니다. 영어의 can과 같이 능력, 허락, 가능, 방법을 말하는 데 사용되는 매우 중요한 동사입니다.(puedo puedes puede podemos podéis pueden)
¿Puedo pasar? 지나가도 될까요?

Pattern

20 **Yo te llevo en coche.** 내가 차로 데려다 줄게.

직접목적격 대명사('~을,를' me te lo/la nos os los/las)의 형태는 3인칭을 제외하고 간접목적격과 같습니다. 문장 내 모든 '대명사'의 위치는 같습니다. 동사가 원형일 땐 동사 바로 뒤에, 동사가 변형일 땐 동사 앞에 위치 합니다. Te ayudo. 나는 너를 돕는다./ Quiero ayudarte. 나는 너를 돕길 원한다.

실력 다지기

4 우리말은 스페인어로, 스페인어는 우리말로 쓰고 큰소리로 읽어 보세요.

① 추천하다 _____   ② (el) té _____

③ 와인 _____   ④ (el) anillo _____

⑤ 자동차 _____   ⑥ llevar _____

5 녹음을 잘 듣고 대화를 완성하세요.

① A: ¿_____ ayudas?

B: Sí, _____ ayudo.

② A: ¿_____ una copa de vino?

B: Sí, _____. Gracias.

③ A: ¿_____ nadar?

B: No. Yo no _____ nadar.

6 주어진 우리말에 맞는 스페인어 표현을 쓴 뒤, 큰 소리로 읽어 보세요.

① 화장실에 가고 싶어요.

▷ _____

② 나는 널 많이 사랑해.

▷ _____

SPAIN

우리만 알고 있는 스페인 이야기

📷 아랍색을 지닌 스페인의 전통 춤 'Flamenco 플라멩꼬'

플라멩꼬 하면 빨간 옷을 입은 장엄한 표정의 무희가 추는 스페인의 전통 춤을 떠올리지만 사실 플라멩꼬는 춤의 종류인 동시에 춤의 배경이 되는 음악의 장르입니다. 즉 기타 연주와 노래를 포함합니다. 플라멩꼬는 15세기부터 스페인 남부 안달루시아 지방에서 전해지기 시작했습니다. 리듬, 연주 기법, 춤 동작 모두 당시 스페인을 지배했던 아랍의 향기가 물씬 베어 있는 것이 흥미롭습니다. 이제 스페인어를 배우셨으니 발음에 주의해주세요, 플라멩'고'가 아닌 플라멩'꼬'입니다.

📷 스페인 천재 화가 파블로 피카소의 본명은?

살바도르 달리, 디에고 벨라스케스, 프란시스코 고야 등 스페인을 대표하는 화가들이 많지만 그 중에서도 단연 인상적인 화가는 바로 '파블로 피카소'입니다. 안달루시아 지방의 말라가에서 태어난 피카소는 이후 주로 프랑스에서 작품 활동을 하였습니다. 큐비즘의 신기원을 열었던 독특한 발상은 그에게 유럽 최고의 '천재 화가'라는 명성을 만들어 주었습니다. 그의 작품 세계 만큼이나 독특한 것은 바로 그의 이름입니다. 흔히 '파블로 피카소'로 알려져 있지만 사실 그의 본명은 매우 깁니다. 본명은 파블로 디에고 호세 프란시스코 데 파울라 후안 네포무세노 마리아 데 로스 레메디오스 크리스핀 크리스피니아노 데 라 산티시마 트리니다드 마르티르 파트리시오 클리토 루이스 이 피카소(Pablo Diego José Francisco de Paula Juan Nepomuceno Maria de los Remedios crispin Crispiniano de la Santisima Trinidad Martyr Patricio Clito Ruiz y Picasso)인데 첫 번째 이름(Pablo)과 어머니의 성(Picasso)을 따서 '파블로 피카소'로 불리게 되었습니다.

📷 스페인 먹방, 타페오를 즐겨라!

'타파스 Tapas'는 손바닥 만한 작은 요깃거리를 뜻합니다. 정형화된 레시피의 요리가 아니므로 가게마다 맛도 재료도 너무나 다양합니다. 스페인 사람들에게 '까냐 Caña(생맥주)' 한 잔에 간단한 타파스를 즐기는 일은 커피를 마시는 것만큼이나 일상적인 일입니다. '타페오 Tapeo'란 곳곳의 bar를 돌아다니며 타파스를 먹는 것을 뜻합니다. 배가 부르지 않게 조금씩 다양한 가게의 타파스를 맛보는 것입니다.

📷 스페인 올리브 이야기

스페인은 세계 올리브 총 생산량의 55%를 차지합니다. 스페인에서 올리브를 가장 많이 생산하는 남부 안달루시아 지역에서는 끝없이 펼쳐지는 드넓은 올리브 밭을 만날 수 있습니다.
올리브 없는 스페인은 상상할 수 없습니다. 스페인 사람들의 1인당 연평균 올리브유 소비량은 12~15리터로 세계 최고입니다. 갓 데운 바게트 빵에 올리브유 한 수저를 듬뿍 뿌려 먹으면 가장 스페인 사람처럼 올리브를 즐기는 방법입니다.

WEEK 04

DAY 16-20

지금 스페인 북부로 떠나요!

이번 주에는?
이동이나 시간을 표현하고 기호나 몸상태를 말할 수 있습니다.

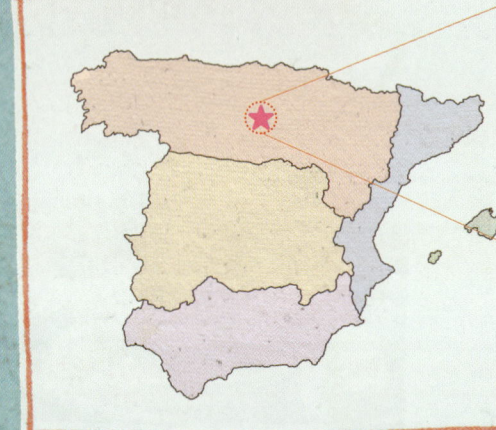

- 빌바오
- 산 세바스티안
- 산티아고 데 콤포스텔라
- 라 리오하

스페인의 남부 대표 도시인 라 리오하, 산 세바스티안, 빌바오, 산티아고 데 콤포스텔라를 여행합니다.

DAY 16

라 리오하

불규칙동사 III, Tener 동사의 관용 표현

DAY 16 소유 말하기

Tengo 2 boletos para el cine.
나에게 영화표 2장이 있어.

지난 학습 다시 보기

- **방법 묻기**

    ¿Cómo puedo ir a la plaza? 광장까지 어떻게 가지?

    > poder동사는 목적어로 동사원형만 올 수 있으며 능력, 허락, 가능 등을 표현합니다.

- **직접 목적격의 활용**

    Te llevo en coche. 내가 차로 데려다줄게.

    > 직접, 간접목적격의 위치는 동사가 변형일 경우 동사 앞에, 원형일 경우 동사 바로 뒤(또는 조동사 앞)에 옵니다.

여행할 곳 미리 보기

라 리오하는 스페인 동북부에 위치한 자치 주입니다. 5054km²의 면적에 약 32만 명의 인구가 삽니다. 스페인에서 가장 인구가 적은 자치 주입니다. 세계적으로 유명한 포도 산지이며 특히 '템프라니요 tempranillo'라는 토착 품종으로 만든 레드 와인이 훌륭한 품질을 자랑합니다. 길이 120km, 넓이 50km에 달하는 광활한 포도밭이 끝도 없이 펼쳐져 있는 모습이 장관입니다.

TODAY 스토리 회화

- 소나가 산티아고에게 영화를 함께 보러 가자고 말합니다.
- 오늘의 스토리 회화를 미리 들어보세요.

TODAY 학습 포인트

★ 불규칙동사Ⅲ: 1인칭 단수 불규칙+어간 모음 변화

★ Tener 동사의 관용 표현

TODAY 핵심 패턴

21 Tengo 2boletos para el cine. 나에게 영화표 2장이 있어.

22 Tengo mucha hambre. 나는 배가 많이 고파.

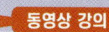

21

Tengo 2boletos para el cine. 나에게 영화표 2장이 있어.

✓ 불규칙동사Ⅲ: 1인칭 단수 불규칙+어간 모음 변화형

불규칙동사의 총 4가지 유형 중 3번째입니다. Ⅰ, Ⅱ유형이 합쳐진 형태입니다. 1인칭 단수(yo)에서 –go형 변화를 하고, 나머지 인칭에서는 어간 모음 변화를 합니다.

단어
(el) boleto 티켓
(el) cine 영화관
(el) paraguas 우산
(el) mapa 지도
aquí 여기

• Tener(~을 가지다) 동사 변화

인칭대명사	Tener 동사
Yo	tengo
Tú	tienes
Él/Ella/Usted (Ud.)	tiene
Nosotros/-as	tenemos
Vosotros/-as	tenéis
Ellos/Ellas/Ustedes (Uds.)	tienen

스페인어 TIP

*기타 Ⅲ 변화 동사
venir → yo vengo
오다 tú vienes
decir → yo digo
말하다 tú dices

A ¿Tienes paraguas? 너 우산 있니? (소유)

B Sí, tengo paraguas. 응, 우산 있어.

A ¿Tiene un mapa de España? 스페인 지도가 있나요? (존재)

B Sí, aquí tenemos. 네, 여기 있어요.

주어진 표현을 듣고 따라 해 보세요.

01

¿Tienes tiempo?   너 시간 있니?

¿Tienes ordenador?   너 컴퓨터 있니?

¿Tienes novio?   너 남자친구 있니?

¿Tienes hermanos?   너 형제 있니?

단어 · (el) tiempo 시간   · (el) ordenador 컴퓨터   · novio/a 남자/여자친구   · hermano/a 형제/자매

02

No tengo dinero.   나는 돈이 없어요.

No tengo pasaporte.   나는 여권이 없어요.

No tengo reserva.   저는 예약이 없어요.

No tengo hijos.   나는 자녀가 없습니다.

단어 · (el) dinero 돈   · (el) pasaporte 여권   · (la) reserva 예약   · hijo/a 아들/딸

DAY 16 나에게 영화표 2장이 있어.   159

22

Tengo mucha hambre. 나는 배가 많이 고파.

✓ Tener동사의 관용 표현

특별한 뜻을 가지는 표현을 관용 표현이라고 하는데 그냥 암기해두는 것이 편합니다.

Tengo frío. 나는 춥다.

위 문장 속 frío는 '추위'라는 뜻의 명사입니다. "춥다"라는 말을 "추위를 가지고 있다"라고 표현하는 것입니다. Tener동사의 유용한 관용 표현들을 함께 살펴보겠습니다.

	calor.	나는 덥다.
	hambre.	나는 배고프다.
Tengo	miedo.	나는 무섭다.
	sueño.	나는 졸리다.
	prisa.	나는 급하다.
	sed.	나는 목이 마르다.

Tener동사를 활용해 나이를 묻고 답할 수도 있습니다. "몇 년을 가지고 있니?" "00년을 가지고 있어"라고 표현합니다.

A ¿Cuántos años tienes? 너 몇 살이니?

B Tengo 20 años. 나는 20살이야.

단어

(el) frío 추위
(el) calor 더위
(el) sueño 꿈, 졸림
(el) miedo 두려움
(la) prisa 다급함
(la) sed 갈증
(el) año 해, 년
cuántos/as 얼마나 많은
(how many)

여행 TIP

아로
Haro

아로는 '라 리오하' 지역 중에서도 100년 이상의 오랜 역사를 가진 와이너리들이 밀집한 마을입니다. 조용하고 작은 시골 마을이지만 1년에 하루 이 곳은 매우 시끄러워집니다. 매년 6월 29일 하얀 옷을 입고 모여 서로에게 와인을 뿌리는 핏빛 축제 '와인전투(batalla de vino)'가 열립니다.

 주어진 표현을 듣고 따라 해 보세요.

03

¿Tienes hambre?　너 배고프니?

¿Tienes sueño?　너 졸리니?

¿Tienes sed?　너 목마르니?

¿Tienes frío?　너 추우니?

단어 · (la) hambre 배고픔

04

¿Cuántos años tienes?　너 몇 살이니?

¿Cuántos años tiene Ud.?　당신은 몇 살입니까?

¿Cuántos años tiene tu sobrino?　네 조카는 몇 살이니?

¿Cuántos años tenéis?　너희들 몇 살이니?

단어 · sobrino/a 조카

 **맛있는 현지 회화**

 회화 듣기 Track 16-07
 직접 따라 말하기 Track 16-08

☀ 소나가 산티아고에게 영화를 보러 가자고 말합니다.

Sona   Tengo 2boletos para el cine.

¿Quieres ir conmigo esta noche?

Santiago ¡Sí, por supuesto!

Pero ¿podemos comer algo antes de ir al cine?

Tengo mucha hambre.

Sona   Sí, claro. Tenemos tiempo.

 Track 16-09

단어

- (el) boleto 표
- esta noche 오늘 밤
- antes de ~ 전에
- (el) cine 영화관
- pero 그러나
- (el) hambre 배고픔
- conmigo 나와 함께
- algo 무언가
- (el) tiempo 시간

소나	나에게 영화 표 두 장이 있어.
	오늘 밤에 나랑 같이 갈래?
산티아고	물론이지!
	그런데 가기 전에 우리 뭐 좀 먹을 수 있을까?
	나 너무 배고파.
소나	응, 당연하지. 우리 아직 시간이 있어.

맛있는 회화 TIP

물론이야!, 당연하지! 흔쾌히 수락하기

"Sí (응, 그래)"로는 부족한 '초대나 제안, 부탁'을 아주 흔쾌히 수락하는 표현에는 아래와 같은 것들을 사용할 수 있습니다.

Por supuesto / Claro 물론이지, 당연하지
Con mucho gusto 기꺼이

Claro que sí 당연히 좋아
¡Cómo no! 좋고 말고!

맛있는 연습 문제

1 녹음을 잘 듣고 대화를 완성하세요.

A _____ 2 boletos para el cine.

¿_____ ir conmigo esta noche?

B ¡Sí, por _____!

Pero ¿podemos _____ algo antes de _____ al cine?

Tengo mucha _____.

A Sí, claro. _____ tiempo.

2 우리말에 알맞은 스페인어를 쓴 뒤, 큰 소리로 읽어 보세요.

① 너 몇 살이니?

_____

② 나는 25살이야.

_____

3 다음 그림 속 인물의 상황을 묘사해보세요.

①

_____

②

_____

지금 떠나는 여행 속 스페인
España

La Rioja
라 리오하

　프랑스에 보르도, 이탈리아에 투스카니가 있다면 스페인엔 '라 리오하 **La Rioja**'가 있습니다! 특히 스페인에서 최상급의 레드 와인을 생산하는 지방으로 유명합니다. 라 리오하 주(州)의 주도 '로그로뇨 **Logroño**'에는 드넓은 포도밭 사이사이로 수십 개의 와이너리가 있습니다. 포도 품종, 와인의 숙성 & 생산 과정을 볼 수 있고, 마지막 시음까지 모든 것이 포함된 와이너리 투어를 경험할 수 있습니다. 황토 빛 대지를 바라보며 맛보는 와인과 그에 딱 맞는 조화로운 음식까지 와인 애호가가 아니더라도 누구나 좋아할 만한 투어입니다.

라 리오하, 추천 여행 코스!!

Hotel Marqués de Riscal

로그로뇨의 유명 와이너리 '마르케스 데 리스칼 **Marqués de Riscal**' 내의 호텔입니다. 화려한 색상의 외관이 매우 독특합니다. 건축거장 '프랭크 게리'의 작품인 이 호텔을 보기 위해 많은 사람들이 찾고 있습니다.

셰리 와인

셰리 와인이란 와인에 브랜디를 넣고, 끓여 알코올 도수를 높인 것을 말합니다. 스페인 와인의 상징으로 보통 식욕을 돋우는 식전주로 많이 마십니다.

산 마테오 와인 축제

매년 9월 열리는 로그로뇨의 '산 마테오 와인 축제' 큰 나무통에 포도를 잔뜩 담아 발로 으깨는 '포도 밟기' 행사는 이 축제의 트레이드 마크입니다.

DAY 17

이동과 시간 표현하기

Voy a la terminal.
나는 터미널에 가고 있어.

지난 학습 다시 보기

- **불규칙동사 III : Tener '~을 가지다'**

  Tengo 2 boletos para el cine. 나는 영화표 2장을 가지고 있어.

  > Tener동사를 활용해 소유, 존재 여부를 표현할 수 있어요.

- **Tener동사의 관용 표현**

  Tengo mucha hambre. 나는 배가 많이 고파.

  > Tengo calor(더워요), frío(추워요), sueño(졸려요) 등을 표현할 수 있어요.

여행할 곳 미리 보기

산 세바스티안은 스페인 북부 바스크 지방의 도시로서 면적은 61km², 인구는 약 18만 명입니다. 비스케이만 연안에 위치한 도시로 과거 국왕의 휴양지로 알려져 있습니다. 현재는 많은 내외국인들이 찾는 대중적인 휴양지가 되었으며 미식의 도시로도 유명합니다. 바스크 요리의 진수인 '삔초스'와 사과를 발효해 만든 술 '시드라'는 꼭 맛봐야 하는 이 지역의 명물입니다.

스토리 미리 듣기 Track 17-01

TODAY 스토리 회화

- 미노와 달리아가 길에서 마주쳤습니다.
- 오늘의 스토리 회화를 미리 들어보세요.

TODAY 학습 포인트

★ Ir(가다), Salir(출발하다), Llegar(도착하다) 등의 이동동사

★ '몇 시에 ~ 하니?' 시간 표현

Track 17-02

TODAY 핵심 패턴

23 Voy a la terminal. 나는 터미널에 가고 있어.

24 ¿A qué hora sale el autobús? 버스가 몇 시에 출발하니?

 **맛있는 핵심 패턴**

23

Voy a la terminal. 나는 터미널에 가고 있어.

✓ 불규칙동사 Ⅳ 완전불규칙동사

변화형을 종잡을 수 없는 완전불규칙동사들은 암기해 두어야 합니다.

• Ir(~로 가다)동사의 변화

인칭대명사	동사 변화
Yo	voy
Tú	vas
Él/Ella/Usted (Ud.)	va
Nosotros/-as	vamos
Vosotros/-as	vais
Ellos/Ellas/Ustedes (Uds.)	van

¿Adónde vas? 너 어디 가니?

Voy a la playa. 나는 해변에 가.

Voy al museo. 나는 박물관에 가. *a+el = al (축약형)

✓ Ir a + 동사원형 '~할 예정이다'

¿Qué vas a hacer el fin de semana? 주말에 뭐 할 예정이니?

Voy a ir a la iglesia. 나는 교회에 갈 거야.

단어

(la) terminal 터미널
adónde 어디로, 어디에
(la) playa 해변
(el) museo 박물관
hacer 하다
(el) fin de semana 주말
(la) iglesia 교회

스페인어 TIP

*기타 완전 불규칙변화 동사

ser동사(~이다)

	단수	복수
1인칭	soy	somos
2인칭	eres	sois
3인칭	es	son

haber동사(~있다)

	단수	복수
1인칭	he	hemos
2인칭	has	habéis
3인칭	ha	han

 주어진 표현을 듣고 따라 해 보세요.

01

Voy a casa. 나는 집에 가.

Voy al supermercado. 나는 슈퍼에 가.

Voy a la montaña. 나는 산에 가.

Voy a la embajada de Corea. 나는 한국 대사관에 가.

단어 • (la) casa 집　• (el) supermercado 슈퍼마켓　• (la) montaña 산　• (la) embajada 대사관

02

Voy a descansar en casa. 나는 집에서 쉴 예정이야.

Voy a salir con mis amigos. 친구들과 놀러 나갈 예정이야.

Voy a hacer compras. 나는 쇼핑할 예정이야.

Voy a dormir todo el día. 나는 하루 종일 잘 예정이야.

단어 • descansar 쉬다　• salir con ~와 만나다　• hacer compras 쇼핑하다　• dormir 자다
• todo el día 하루 종일

24

¿A qué hora sale el autobús? 버스가 몇 시에 출발하니?

Track 17-05

✓ 시간 표현하기 '몇 시에 ~ 하니?'

시간을 묻는 표현은 ¿A qué hora ~ ?로 표현합니다.
대답을 할 때는 'a las + 숫자'로 표현합니다.

¿**A qué hora** sale el autobús? 버스가 몇 시에 출발합니까?

Sale a la una. 1시에 출발합니다. *1시일 때만 'la'

Sale a las 5. 5시에 출발합니다.

시와 분은 'y'로 연결합니다.

¿A qué hora llega el autobús? 버스가 몇 시에 도착합니까?

Llega a las 7 **y** 10. 7시 10분에 도착합니다.

Llega a las 7 **y** media. 7시 30분에 도착합니다.

✓ 이동을 나타내는 주요 동사

이동을 나타내는 동사들은 그 의미의 특성상 전치사 'a(~로)', 'de(~로부터)'와 함께 쓰입니다.

ir 가다   **venir** 오다

salir 나가다, 출발하다   **llegar** 도착하다

volver 돌아오다, 돌아가다

단어

(la) hora 시간
salir 출발하다
(el) autobús 버스
media 반, 30분

 여행 TIP

산 세바스티안 국제 영화제
Festival de San Sebastián

매년 9월 개최되는 산 세바스티안 국제 영화제는 스페인어권에서 가장 오랜 역사를 가지고 있습니다. 같은 언어권의 라틴 아메리카 국가들이 많이 참가하는 것이 특징인 공인된 특급 영화제입니다. 스페인 북부 해안도시의 영화제답게 최고 상의 명칭은 '황금 조개상'입니다.

주어진 표현을 듣고 따라 해 보세요.

03 ¿A qué hora vas a la clase? 너는 몇 시에 수업에 가니?

¿A qué hora llegas a la clase? 몇 시에 교실에 도착하니?

¿A qué hora empieza la clase? 수업이 몇 시에 시작하니?

¿A qué hora termina la clase? 수업이 몇 시에 끝나니?

단어
- ir a ~에 가다
- (la) clase 교실, 수업
- llegar a ~에 도착하다
- empezar 시작하다
- terminar 끝나다

04 Mi papá vuelve a casa a las 8 en punto. 우리 아버지는 8시 정각에 집에 돌아오신다.

Mi papá vuelve a casa a las 8 de la mañana. 우리 아버지는 오전 8시에 집에 돌아오신다.

Mi papá vuelve a casa a las 8 de la tarde. 우리 아버지는 오후 8시에 집에 돌아오신다.

Mi papá vuelve a casa a las 8 de la noche. 우리 아버지는 저녁 8시에 집에 돌아오신다.

단어
- volver(o:ue) 돌아오다
- en punto 정각에
- (la) mañana 오전
- (la) tarde 오후
- (la) noche 저녁

 **맛있는 현지 회화**

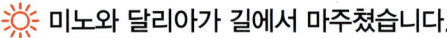 미노와 달리아가 길에서 마주쳤습니다.

Dalia　¿Adónde vas?

Mino　Voy a la terminal.

　　　　Voy a ir a Santander hoy.

Dalia　¡Estupendo! ¿A qué hora sale el autobús?

Mino　Sale a las 5 de la tarde.

Dalia　Y ¿cuándo llega a Santander?

 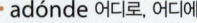

- adónde 어디로, 어디에
- hoy 오늘
- cuándo 언제
- (la) terminal 터미널
- salir 떠나다, 출발하다
- llegar a ~에 도착하다

우리말→스페인어 말하기 **Track 17-10**

달리아   어디가?

미노   터미널에 가고 있어.

        나는 오늘 산탄데르에 갈 예정이야.

달리아   와! 멋진데! 버스가 몇 시에 출발하니?

미노   오후 다섯 시에 출발해.

달리아   그럼 산탄데르에 언제 도착해?

맛있는 회화 TIP

현지인 따라잡기 ¡Estupendo!

현지인들이 가장 많이 쓰는 표현을 꼽으라면 바로 이 "Estupendo"를 빼놓을 수 없습니다. 아주 흡족함을 나타낼 때 쓰는 감탄사로 "멋져!", "근사해!", "좋아!" 등 많은 뜻을 포함할 수 있습니다. 동의어로는 ¡Maravilloso!, ¡Fantástico!, ¡Guay! 등이 있습니다. 모두 비슷한 의미를 가진 스페인어 최고의 감탄사라 해도 과언이 아닙니다. 그저 따라 읽는 것이 아닌 감정을 풍부하게 살려 말하는 것이 중요합니다.

DAY 17 나는 터미널에 가고 있어.

맛있는 연습 문제

1 녹음을 잘 듣고 대화를 완성하세요.

A ¿Adónde _____ ?

B _____ a la terminal.

Voy _____ a Santander hoy.

A ¡Estupendo! ¿_____ sale el autobús?

B _____ a las 5 de la tarde.

A Y ¿cuándo _____ a Santander?

2 우리말에 알맞은 스페인어를 쓴 뒤, 큰 소리로 읽어 보세요.

① 나는 오늘 프랑스에 간다.

_____

② 나는 내일 프랑스에 도착한다.

_____

3 다음 사진을 보고 아래 질문에 답하세요.

①

Q ¿A qué hora sale el tren?

A _____

②

Q ¿A qué hora llega el tren?

A _____

지금 떠나는 여행 속 스페인
España

San Sebastián
산 세바스티안

산 세바스티안은 스페인 북부 '바스크 지방'에 위치해 있습니다. 스페인어로 '빠이스 바스코 País Vasco'라 불리는 바스크 지방은 스페인에서 가장 GDP가 높은 부자 동네입니다. 그들의 도시는 세련되었으며 예술과 미식을 사랑합니다. 빠이스 바스크의 가장 유명한 해안 도시 산 세바스티안에는 유명한 맛집이 많습니다. 남부의 해안 도시들과는 다른 고유한 스타일의 해산물 요리와 바스크 지방의 전통술을 경험해볼 수 있습니다. 스페인에서 가장 많이 먹고, 마시고, 취해야 할 곳은 바로 산 세바스티안! 물가가 비싸다는 것이 유일한 단점입니다.

산 세바스티안, 추천 여행 코스!!

라 꼰차 해변

지중해가 아닌 스페인 북부 해안 도시의 해변은 어떤 모습일까요? 산 세바스티안의 대표 해변인 '라 꼰차(조개) 해변'은 적당한 파도와 수온으로 각종 레저 스포츠를 즐기기에 안성맞춤입니다.

시드라

시드라는 사과를 발효시켜 만든 술로 새콤달콤한 맛이 납니다. 시드라를 따르는 종업원들은 팔을 최대한 높이 들어 잔을 채우는데 술이 공기와 많이 만날수록 맛이 좋아지기 때문이라고 합니다. 산 세바스티안 이곳저곳을 돌아다니며 다양한 삔초와 다양한 시드라를 맛보세요. 정말 맛있습니다.

삔초스

바스크 요리의 진수는 '삔초스' 입니다. 작은 접시나 빵조각 위에 각종 재료를 얹어 한 입 거리로 내어 놓습니다. 바스크식 '타파스' 이지만 엔초비, 새우, 문어 등 해산물이 많이 사용되는 것이 특징입니다.

DAY 18 기호 말하기

¿Te gusta el vino?
너는 와인을 좋아하니?

 지난 학습 다시 보기

◆ **이동 동사 익히기**

Voy a la terminal. 나는 터미널에 가고 있어.

> 주요 이동 동사 Ir(가다), Salir(출발하다), Llegar(도착하다), Volver(돌아오다)

◆ **시간 표현하기**

¿A qué hora sale el autobús? 버스가 몇 시에 출발하니?

> '¿A qué hora ~' 몇 시에 ~ 하니? 라고 묻고 'a la(s) 숫자'로 대답해요.

 여행할 곳 미리 보기

빌바오는 비스케이만에서 10km 정도 내륙으로 들어간 곳에 위치하며 강을 면하고 있습니다. 면적은 41km², 인구는 약 18만 명입니다. 빌바오는 과거 철강 산업과 선박 제조의 중심지로 스페인에서 가장 부유한 도시였습니다. 이후 철강 산업의 쇠퇴로 도시 또한 몰락하였지만 도시를 사랑하는 시민들의 적극적인 노력으로 연간 백만 명의 관광객이 찾고 있습니다.

TODAY 스토리 회화

- 소나와 우고가 좋아하는 것에 대한 이야기를 나눕니다.
- 오늘의 스토리 회화를 미리 들어보세요.

스토리 미리 듣기 Track 18-01

TODAY 학습 포인트

★ 역구조동사 Gustar '~을 좋아하다'

★ Preferir '~을 더 좋아하다'

TODAY 핵심 패턴

Track 18-02

25 ¿Te gusta el vino? 너는 와인을 좋아하니?

26 Prefiero la cerveza al vino. 나는 와인보다 맥주를 더 좋아해.

맛있는 핵심 패턴

25

¿Te gusta el vino? 너는 와인을 좋아하니?

✓ 역구조동사

일반적인 문장 구조와 달리 역구조동사 문장은 주어가 동사 뒤에 놓입니다. 또한, 간접목적격 대명사를 동반하는 것이 특징이며, 주어의 형태는 '정관사+명사, 동사원형, 고유명사 등'으로 제한됩니다.

단어
(el) vino 와인
(el) gato 고양이
(el) animal 동물
gustar ~을 좋아하다
cocinar 요리하다
(la) cabeza 머리
(el) libro 책

• Gustar '~가 ~에게 좋아하게 하다'

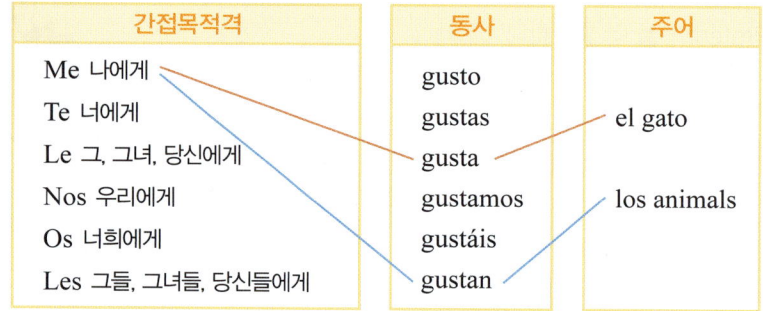

문장 그대로 직역하면 '~가 ~에게 좋아하게 하다'지만, 간접목적격을 주어처럼, 주어를 목적어처럼 해석합니다(~가 ~를 좋아하다).

Me gusta el gato. 나는 고양이를 좋아해.

Me gustan los animales. 나는 동물들을 좋아해.

¿Te gusta cocinar? 너는 요리하는 것을 좋아하니?

Sí, me gusta (mucho) cocinar. 응, 난 요리하는 것을 (아주) 좋아해.

No, no me gusta cocinar. 아니, 나는 요리하는 것을 좋아하지 않아.

스페인어 TIP

*기타 주요 역구조 동사
· doler(o:ue) ~가 아프다
Me duele la cabeza.
나는 머리가 아파.

· encantar ~를 매우 좋아하다
Me encantan los libros.
나는 책들을 매우 좋아해.

 주어진 표현을 듣고 따라 해 보세요.

01

Me gusta viajar. 나는 여행하는 것을 좋아한다.

Te gusta viajar. 너는 여행하는 것을 좋아한다.

A ella le gusta viajar. 그녀는 여행하는 것을 좋아한다.
★3인칭의 경우 대상을 명확히 밝히기 위해 중복형(a +대상+간접목적어)을 씁니다.

Nos gusta viajar. 우리는 여행하는 것을 좋아한다.

단어 • viajar 여행하다

02

No me gusta la carne. 나는 고기를 좋아하지 않아.

No me gusta leer. 나는 책 읽는 것을 좋아하지 않아.

No me gusta el alcohol. 나는 술을 좋아하지 않아.

No me gustan los niños. 나는 아이들을 좋아하지 않아.

단어 • (la) carne 고기 • leer 독서하다 • (el) alcohol 술 • niño/a 아이

26

Prefiero la cerveza al vino.
나는 와인보다 맥주를 더 좋아해.

✓ Preferir A a B: 'A를 B보다 더 좋아하다'

preferir동사는 "~을 선호하다"라는 의미로 의견을 묻거나 기호를 말할 때 쓰입니다. 목적어로는 명사, 동사원형이 올 수 있습니다. preferir는 어간 모음 'e'가 'ie'로 바뀌는 불규칙 동사입니다.

• Preferir(~을 더 좋아하다) 동사 변화형

인칭대명사	동사
Yo	prefiero
Tú	prefieres
Él/Ella/Usted (Ud.)	prefiere
Nosotros/-as	preferimos
Vosotros/-as	preferís
Ellos/Ellas/Ustedes (Uds.)	prefieren

¿Qué prefieres? ¿Zumo o leche? 너는 무엇을 더 좋아하니? 주스? 우유?

Prefiero el zumo a la leche. 나는 우유보다 주스를 더 좋아해.

Prefiero la leche al zumo. 나는 주스보다 우유를 더 좋아해.

gustar동사와 "más 더" 부사로 위와 비슷한 의미를 전달할 수 있습니다.

¿Qué te gusta más? ¿La carne o el pescado?
너는 무엇을 더 좋아하니? 고기? 생선?

Me gusta más la carne que el pescado.
나는 생선보다 고기를 더 좋아해.

단어

preferir(e:ie) ~을 더 좋아하다

(el) zumo 주스

(la) leche 우유

(la) carne 고기

(el) pescado 생선

여행 TIP

렌페
Renfe

렌페는 스페인의 국영철도입니다. 스페인 대부분 지역에 노선을 가지고 있습니다. 그러나 기차 못지않게 버스 노선이 발달한 스페인이기에 비교적 가격이 비싼 렌페는 장거리 이동 시에 주로 선호됩니다. 렌페의 좌석은 매우 편안하고, 1등석에는 기내식도 포함되어 있습니다.

주어진 표현을 듣고 따라 해 보세요.

03

Prefiero el metro al autobús. 나는 버스보다 지하철을 더 좋아해.

Prefiero el tren al avión. 나는 비행기보다 기차를 더 좋아해.

Prefiero el piso a la casa. 나는 주택보다 아파트를 더 좋아해.

Prefiero vivir en el campo a en la ciudad. 나는 도시보다 시골에 사는 것을 더 좋아해.

단어 • (el) avión 비행기 • (el) piso 아파트 • (la) casa 집, 주택 • (el) campo 시골
• (la) ciudad 도시

04

Me gusta más el arroz que el pan. 나는 빵보다 밥이 좋아.

Me gusta más el fútbol que el béisbol. 나는 야구보다 축구가 좋아.

Me gusta más el perro que el gato. 나는 고양이보다 강아지가 좋아.

Me gusta más correr que caminar. 나는 걷는 것보다 뛰는 것이 좋아.

단어 • (el) arroz 쌀 • (el) pan 빵 • (el) fútbol 축구 • (el) béisbol 야구 • (el) perro 강아지
• (el) gato 고양이 • correr 뛰다 • caminar 걷다

DAY 18 너는 와인을 좋아하니?

 **맛있는 현지 회화**

☀ 소나와 우고가 좋아하는 것에 대한 이야기를 나눕니다.

Hugo	¿Qué te gusta hacer en tu tiempo libre?
Sona	Me gusta beber con mis amigos.
Hugo	¿Te gusta el vino?
Sona	Sí, me gusta. Pero prefiero la cerveza al vino.
Hugo	Yo también soy fanático de la cerveza. ¡Vamos a hacer una fiesta de cerveza!

 단어

- hacer 하다, 만들다
- beber 마시다, 술 마시다
- (la) cerveza 맥주
- vamos a +동사원형 ~하자(let's ~)
- (el) tiempo libre 자유 시간
- (el) vino 와인
- fanático/a 애호가
- (la) fiesta 파티

우고	여가 시간에 뭐 하는 걸 좋아해?
소나	친구들과 술 마시는 것을 좋아해.
우고	와인을 좋아하니?
소나	응. 좋아해. 그런데 와인보다는 맥주를 더 좋아해.
우고	나도 맥주애호가야. 우리 맥주 파티를 열자!

맛있는 회화 TIP

'¡Vamos a hacer una fiesta!' 우리 파티를 열자!

Vamos는 Ir동사의 1인칭 복수형입니다.
"Vamos a + 동사원형"은 영어의 "Let's ~ "와 같은 "~ 합시다" 라는 표현입니다.
¡Vamos a comer! 식사합시다!
¡Vamos a entrar! 들어갑시다!
¡Vamos a cenar juntos! 우리 함께 저녁 먹자!

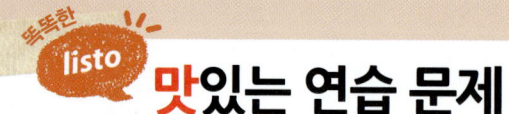 **맛있는 연습 문제**

1 녹음을 잘 듣고 대화를 완성하세요.

   A ¿Te gusta _____?

   B Sí, me gusta. Pero _____ la cerveza al vino.

   A Yo _____ soy fanático de la cerveza.

   B ¡_____ hacer una fiesta de cerveza!

2 우리말에 알맞은 스페인어를 쓴 뒤, 큰 소리로 읽어 보세요.

   ① 너는 책 읽는 것을 좋아하니?

   _____

   ② 아니, 난 책 읽는 것을 좋아하지 않아.

   _____

3 다음 사진을 보고 아래 질문에 답하세요.

   ①    ②

   Q ¿Qué prefieres?   Q ¿Qué prefieres?

   A _____   A _____

지금 떠나는 여행 속 스페인
España

Bilbao
빌바오

바스크 지방에서 가장 많은 인구가 살고 있는 도시 '빌바오 Bilbao'는 예술과 미식, 그리고 근면하고 친절한 사람들로 유명합니다. 19세기 산업혁명 당시 빌바오는 철광 광산과 네르비온 강의 거대 항구를 가진 이점으로 해외 무역을 통해 큰 부와 명성을 누렸습니다. 그러던 20세기 중반 2차 대전으로 철강 산업은 쇠퇴하였고 도시 전체가 고철더미의 모습으로 남겨졌습니다. 그러나 빌바오는 1990년대 초반 유명 건축가인 '프랑크 게리'가 디자인한 '구겐하임 미술관'을 유치하며 예술과 관광의 도시로 다시 태어났습니다.

 빌바오, 추천 여행 코스!!

구겐하임 미술관

빌바오의 상징인 구겐하임 미술관입니다. 미술관 내의 작품보다는 독특한 외형과 조형물로 더욱 유명합니다. 유영하는 물고기를 닮은 건물 외관은 티타늄 타일로 만들어져 해가 비칠 때마다 눈부시게 빛납니다.

차꼴리

'차꼴리 Taxkoli'는 '온다라비 주리'라는 바스크 토착 품종의 포도로 만든 와인입니다. 기포가 많이 들어간 화이트 와인으로 샴페인과는 다릅니다.

네르비온 강(빌바오 강)

네르비온 강은 빌바오 도시 전체를 관통하며 흐릅니다. 볼거리 많은 '구시가지 Casco Viejo'를 둘러본 후 네르비온 강을 따라 천천히 산책을 즐겨보세요. 빌바오의 과거와 현재를 모두 느낄 수 있는 시간 정지한 듯한 여행지입니다.

DAY 19 — 몸 상태 말하기

Me duele la cabeza.
나 머리가 아파.

 지난 학습 다시 보기

- **역구조동사 Gustar**

  ¿Te gusta el vino? 너는 와인을 좋아하니?

  > 항상 간접목적격과 함께 쓰이고 주어가 동사 뒤에 위치하는 것이 특징인 역구조동사입니다.

- **기호 말하기**

  Prefiero la cerveza al vino. 나는 와인보다 맥주를 더 좋아해.

  > preferir A a B B보다 A를 더 좋아하다
  > preferir는 어간모음 e가 ie로 바뀌는 불규칙동사입니다.

 **여행할 곳 미리 보기**

산티아고 데 콤포스텔라는 220km²의 면적에 약 10만 명의 인구가 거주하는 곳입니다. 예수의 12제자 중 한 명인 야곱이 순교한 곳으로 알려져 있으며 예루살렘, 로마에 이은 세계 3대 순례지입니다. 특히나 야곱의 시신이 안치된 이 도시의 대성당을 방문하기 위해 프랑스에서부터 피레네 산맥을 넘어 800km나 이어지는 '순례자의 길'에 도전하는 사람들의 발길이 끊이지 않습니다.

TODAY 스토리 회화

- 달리아가 아픈 미노에게 병원에 가볼 것을 권합니다.
- 오늘의 스토리 회화를 미리 들어보세요.

스토리 미리 듣기 Track 19-01

TODAY 학습 포인트

★ 아픔을 표현하는 동사 Doler '~가 아프다'

★ Tener que+동사원형 '~ 해야 한다'

Track 19-02

TODAY 핵심 패턴

27 Me duele la cabeza.   나 머리가 아파.

28 Tienes que ir al médico.   너는 의사에게 가봐야 해.

27

> **Me duele la cabeza.** 나 머리가 아파.

✓ Doler동사 '~가 ~에게 아프게 하다'

몸 상태를 나타내는 동사 Doler는 Gustar와 같은 역구조동사입니다. 직역하면 "~가 ~에게 아프게 하다"이지만 자연스러운 우리말 번역은 "나는 ~가 아프다"입니다.

단어
(la) cabeza 머리
(la) garganta 목 (목구멍)
(los) ojos 눈
(la) barriga 배

• Doler(o:ue) 동사 활용

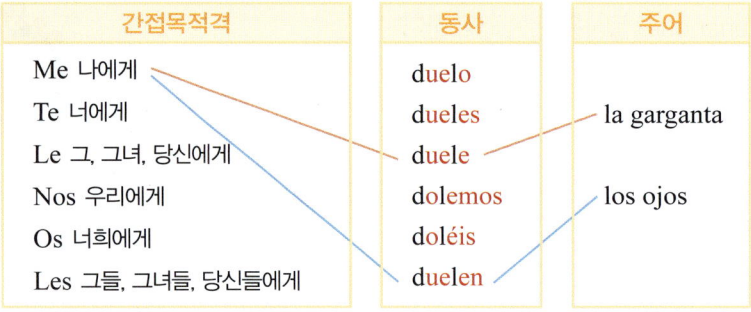

¿Qué te duele? 어디가 아프니? (= ¿Dónde te duele?)

Me duele mucho la garganta. 나는 목이 많이 아파.

Me duelen los ojos. 나는 눈이 아파.

★3인칭의 경우 대상을 명확하게 밝히기 위해 중복형을 씁니다.

A Mino le duele la cabeza. 미노는 머리가 아픕니다.

A Ud. le duele la cabeza. 당신은 머리가 아픕니다.

스페인어 TIP
신체부위 관련 단어
(la) cara 얼굴
(la) nariz 코
(el) pelo 머리카락
(la) boca 입
(el) hombro 어깨
(el) cuello 목
(la) espalda 등
(el) brazo 팔
(la) mano 손
(la) rodilla 무릎
(la) pierna 다리
(el) tobillo 발목
(el) pie 발

주어진 표현을 듣고 따라 해 보세요.

01

¿Qué le duele a Ud.?   당신은 어디가 아프십니까?

¿Qué le duele a tu abuelo?   너의 할아버지는 어디가 아프시니?

¿Qué os duele?   너희들은 어디가 아프니?

¿Qué les duele a Uds.?   당신들은 어디가 아프십니까?

단어 • aubelo/a 할아버지/할머니

02

Me duele el corazón.   나는 심장(마음)이 아파.

Me duele el estómago.   나는 위가 아파.

Me duele la cintura.   나는 허리가 아파.

Me duelen las rodillas.   나는 무릎이 아파.

단어 • (el) corazón 심장, 마음   • (el) estómago 위   • (la) cintura 허리   • (las) rodillas 무릎

28

Tienes que ir al médico. 너는 의사에게 가봐야 해.

✓ 'Tener que+동사원형' '~해야 한다'

앞서 학습한 Tener동사를 활용해 의무와 필요를 표현할 수 있습니다.

Tienes que ir al médico. 너는 의사에게 가야 한다.

No **tienes que** ir al médico. 너는 의사에게 가지 않아도 된다.

¿Qué **tengo que** hacer? 내가 무엇을 해야 하나요?

✓ Hay que / Tener que 비교

개인의 의무를 말하기 위해 사용하는 'Tener que'와는 달리 조금 더 일반적 개념의 의무를 표현하기 위해 'Hay que'를 사용합니다. 이때 Hay는 동사 변화 하지 않습니다.

Hay que ahorrar energía. 에너지를 절약해야 한다.

Hay que hacer ejercicio todos los días. 매일매일 운동을 해야 합니다.

No **hay que** entrar sin permiso. 허락 없이 들어가서는 안 됩니다.

단어
hacer 하다
ahorrar 모으다, 절약하다
(la) energía 에너지
hacer ejercicio 운동하다
todos los días 매일매일
entrar 들어가다
sin ~ 없이
(el) permiso 허락, 허가

 여행 TIP

파라도르
Parador

'파라도르'란 옛 수도원과 저택, 성을 개조해 만든 국영 호텔입니다. 스페인 여행지의 숙소를 찾다보면 꽤 많은 도시에서 '파라도르'를 만날 수 있습니다. 일반 호텔과 비교해 가격이 월등히 비싸지만 유명 파라도르의 경우 몇 달 전부터 예약을 해야할 만큼 인기가 좋습니다.

 주어진 표현을 듣고 따라 해 보세요.

03

Tengo que hacer dieta. 나는 다이어트를 해야 한다.

Tengo que buscar un trabajo. 나는 일자리를 찾아야 한다.

Tengo que aprender español. 나는 스페인어를 배워야 한다.

Tengo que coger un taxi. 나는 택시를 잡아야 한다.

단어
- hacer dieta 다이어트하다
- buscar 찾다, 구하다
- (el) trabajo 일, 일자리
- aprender 배우다
- coger 타다, 잡다

04

No hay que perder el tiempo. 시간을 허비해서는 안 된다.

No hay que comer demasiado. 과식해서는 안 된다.

No hay que tener miedo al cambio. 변화를 두려워해서는 안 된다.

No hay que olvidar la historia. 역사를 잊어서는 안 된다.

단어
- perder 잃다
- (el) tiempo 시간
- demasiado 지나치게
- tener miedo a ~을 두려워하다
- (el) cambio 변화
- olvidar 잊다

 **맛있는 현지 회화**

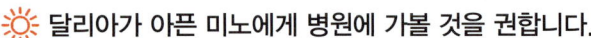 달리아가 아픈 미노에게 병원에 가볼 것을 권합니다.

Dalia ¿Qué pasa, Mino?

Pareces enfermo.

Mino Me duele la cabeza.

Creo que tengo un resfriado.

Dalia Tienes que ir al médico.

Mino Ahora no puedo. Tengo que terminar la tarea hoy.

단어

- ¿Qué pasa? 무슨 일이니?
- parecer ~처럼 보이다
- tener un resfriado 감기에 걸리다
- (la) tarea 과제
- enfermo 아픈
- (la) cabeza 머리
- terminar 끝내다

우리말→스페인어 말하기　Track 19-10

달리아　무슨 일이야, 미노야?

　　　　너 매우 안 좋아 보여.

미노　나 머리가 아파.

　　　　감기에 걸린 것 같아.

달리아　너 의사에게 가봐야 해.

미노　지금은 안돼. 오늘까지 과제를 끝내야 해.

맛있는 회화 TIP

'Creo que ~' '~인 것 같아'

'나 감기 걸렸어'와 '나 감기 걸린 것 같아'는 의미상 천지 차이입니다! 좀 더 자연스러운 의미를 표현하기 위해서 'creer동사(믿다, 생각하다)'를 사용합니다. 'Creo que~'는 '~라고 생각하다'의 의미가 됩니다.

Él está enfadado conmigo. → Creo que él está enfadado conmigo.
그는 나에게 화가 났어.　　　　그는 나에게 화가 난 것 같아.

DAY 19　나 머리가 아파.

맛있는 연습 문제

1 녹음을 잘 듣고 대화를 완성하세요.

A ¿Qué _____ ?, Mino

_____ enfermo.

B Me _____ la cabeza.

Creo que _____ un resfriado.

A _____ ir al médico.

B Ahora no puedo. _____ terminar la tarea hoy.

2 우리말에 알맞은 스페인어를 쓴 뒤, 큰 소리로 읽어 보세요.

① 나는 집에 가야해.

_____

② 너는 운동을 해야 해.

_____

3 다음 사진을 보고 아래 질문에 답하세요.

①

②

Q ¿Qué le duele?

A _____

Q ¿Qué le duele?

A _____

지금 떠나는 여행 속 스페인
España

Santiago de Compostela
산티아고 데 콤포스텔라

España

갈리시아 지방의 주도 '산티아고 데 콤포스텔라'는 예수의 열두 제자 중 한 명이었던 '산티아고 Santiago(야고보)'의 무덤이 있는 곳입니다. 지난 1000년 간 그의 유해를 직접 보기 위해 각지에서 모여드는 순례자들에 의해 자연스레 생성된 그 길을 '까미노 데 산티아고 Camino de Santiago(야고보의 길)'라 부릅니다. 과거에는 신앙심 깊은 신자들이 주로 이 길을 걸었지만 오늘날에는 자기 성찰과 개인적 수련을 위한 비종교적 여행자들의 하이킹 코스로도 널리 알려지게 되었습니다.

산티아고 데 콤포스텔라, 추천 여행 코스!!

까미노 데 산티아고

순례자의 길 **까미노 데 산티아고** 성 야고보의 날인 7월 25일 입성을 위해 6-7월 가장 많은 사람들이 찾습니다.

뽈뽀 가예고

긴 시간 걸어왔으니 영양을 보충해야 합니다! 동서고금을 막론한 보양식인 문어, 특히 갈리시아 지방의 문어요리는 유명합니다. 그 중 대표 요리는 **뽈뽀 가예고**입니다.

산티아고 데 콤포스텔라 대성당

대장정의 마지막 기착지인 **산티아고 데 콤포스텔라 대성당**입니다. 야고보의 시신이 안치되어 있고 순례자의 길을 완주했다는 증명서를 발급하는 곳이기도 합니다.

DAY 19 나 머리가 아파.

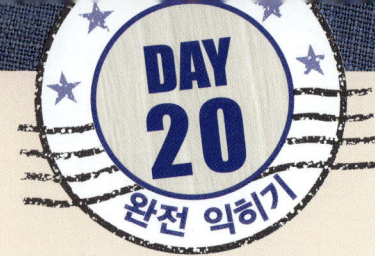

넷째 주 다시 보기 DAY 16-19

이번 주 핵심 패턴

DAY 16

Pattern

21 Tengo 2boletos para el cine. 나에게 영화표 2장이 있어.

'Tener ~을 가지고 있다' 동사는 1인칭 –go형 변화와 어간 모음 변화가 함께 이뤄집니다.(tengo tienes tiene tenemos tenéis tienen)
¿Tienes tiempo? 너 시간 있니?

Pattern

22 Tengo mucha hambre. 나는 배가 많이 고파.

Tener 동사는 다양한 관용 표현에 사용됩니다. 관용 표현들은 뜻이 직접적으로 드러나지 않는 것이 특징이므로 쓰임을 알고 암기하는 것이 중요합니다.
¿Tienes calor? 너 덥니? - 너 더위 가지고 있니?(x)

DAY 17

Pattern

23 Voy a la terminal. 나는 터미널에 가고 있어.

완전불규칙 동사 'Ir ~로 가다'(voy vas va vamos vais van) 동사의 용법은 다양합니다. ① Ir a +장소 '~로 가다', ② Ir a +동사원형 '~할 예정이다'
Voy a casa. 나는 집에 간다./ Voy a ir a casa. 나는 집에 갈 예정이다.

Pattern

24 ¿A qué hora sale el autobús? 버스가 몇 시에 출발하니?

시간을 물을 때는 '¿A qué hora ~?' 로 질문하고 'a las + 숫자'로 대답합니다. 시와 분은 'y'로 연결합니다. Yo salgo de casa a las 8 y 10. 나는 집에서 8시 10분에 나갑니다.

실력 다지기

1 우리말은 스페인어로, 스페인어는 우리말로 쓰고 큰소리로 읽어 보세요.

① 돈 _____   ② (el) ordenador _____

③ 여권 _____   ④ novio _____

⑤ 형제 _____   ⑥ llegar _____

2 녹음을 잘 듣고 대화를 완성하세요.

① A: ¿_____ vas?

　B: _____ al cine.

② A: ¿A qué _____ llega el tren?

　B: Llega a las _____.

③ A: ¿Cuántos hermanos _____?

　B: No _____ hermanos.

3 주어진 우리말에 맞는 스페인어 표현을 쓴 뒤, 큰 소리로 읽어 보세요.

① 너 내일 뭐 할 거니?

　▷ _____

② 나는 영화관에 갈 예정이야.

　▷ _____

DAY 20 넷째 주 다시 보기

이번 주 핵심 패턴

DAY 18

Pattern

25 **¿Te gusta el vino?** 너 와인 좋아하니?

'Gustar ~을 좋아하다'는 역구조동사입니다. 역구조 동사들은 주어가 동사 뒤에 위치하며 항상 간접목적격을 동반하는 것이 특징입니다. 이때 주어의 형태는 '정관사+명사, 동사원형, 고유명사 등'으로 제한됩니다. Me gusta bailar. 나는 춤 추는 것을 좋아해.

Pattern

26 **Prefiero la cerveza al vino.** 나는 와인보다 맥주를 더 좋아해.

Peferir A a B 'B보다 A를 더 좋아하다'는 의미의 기호를 표현할 수 있으며 Gustar más '더 좋아하다'와 비슷한 뜻이 됩니다. Prefiero el arroz al pan. 나는 빵보다 밥을 더 좋아해./ Me gusta más el arroz que el pan. 나는 빵보다 밥이 좋아.

DAY 19

Pattern

27 **Me duele la cabeza.** 나는 머리가 아파.

'Doler 아프다'는 역구조동사이면서, 어간 모음 'o'가 'ue'로 바뀌는 불규칙동사입니다. Me duele el cuello. 나는 목이 아파./ Me duelen las piernas. 나는 다리가 아파.

Pattern

28 **Tienes que ir al médico.** 너는 의사에게 가봐야 해.

'Tener que+동사원형'의 형태로 의무와 필요를 표현합니다. Tienes que pagar esto. 너는 이것을 지불해야 해./ No tienes que pagar esto. 너는 이것을 지불하지 않아도 돼.(지불할 필요가 없다.)

실력 다지기

4 우리말은 스페인어로, 스페인어는 우리말로 쓰고 큰소리로 읽어 보세요.

① 맥주 _____ ② (el) zumo _____

③ 비행기 _____ ④ (el) pescado _____

⑤ 머리 _____ ⑥ (la) fiesta _____

5 녹음을 잘 듣고 대화를 완성하세요.

① A: ¿Qué _____? ¿el mar o la montaña?

B: _____ la montaña al mar.

② A: ¿_____ gusta viajar?

B: Sí, _____ gusta viajar.

③ A: ¿Qué le _____?

B: Me _____ mucho los dientes.

6 주어진 우리말에 맞는 스페인어 표현을 쓴 뒤, 큰 소리로 읽어 보세요.

① 너는 고양이를 좋아하니?

▷ _____

② 나는 고양이보다 강아지가 더 좋아.

▷ _____

SPAIN

★ 우리만 알고 있는 스페인 이야기

📷 스페인 와인 이야기

스페인은 세계에서 가장 넓은 포도 경작지를 가진 나라입니다. 무려 그 면적이 85만 헥타르에 이릅니다. 북부 지역의 '라 리오하 La Rioja' 지방에서 가장 많은 양의 와인을 생산합니다. 그러나 스페인의 기후가 매우 건조하고 척박한 토양을 가지고 있기 때문에 생산량은 경작지 비율에 미치지 못합니다. 스페인 내에서 재배되는 포도 품종은 600개가 넘는 것으로 알려져 있는데, 가장 인기 있는 품종은 토착 품종인 '템프라니요 Tempranillo'입니다. 사실 우리나라에서는 스페인보다 프랑스, 이탈리아 와인이 더 많이 알려지고, 인기 있지만 '템프라니요' 품종을 선호하는 사람들에게 최고의 와인은 바로 스페인 와인입니다.

📷 스페인에는 4가지 공용어가 있다?

스페인 국민들은 자신을 국가의 소속보다는 자신들이 살고 있는 지역의 지역민으로 인식합니다. 잦은 분리 독립 시위가 일어나는 이유도 여기에 있습니다. 이는 각 지역이 왕국으로 통합되기 이전, 지역 고유의 전통, 문화, 언어를 독자적으로 유지해 왔기 때문입니다. 무엇보다 지역별로 상이한 언어는 개인의 이러한 지역민적 정체성을 더욱 확고하게 합니다. 카스티야 지역의 '카스테야노', 까탈루냐 지역의 '까탈란', 바스크 지방의 '바스크어', 갈리시아 지방의 '갈리시아어'. 이 네 언어가 현재 스페인의 공용어로 지정되어 있습니다. 네 지역의 통합 공용어이자, 우리가 배우는 보편적 인식의 스페인어는 바로 수도인 마드리드를 중심으로 카스티야 지역에서 사용되는 '카스테야노'입니다. 표준어와 지역 사투리의 관계가 아닌 동등한 지위의 공용어라는 점이 흥미롭습니다.

📷 스페인 필수 쇼핑 리스트 top3

여행지에서 빠질 수 없는 것은? 바로 쇼핑 타임! 친구들에게 선물하기 좋은 스페인 대표 기념품들을 소개합니다.

1. 스페인 엿 '뚜론 Turrón'
맛도 모양도 딱 우리나라의 엿과 비슷합니다. 호불호가 갈리지 않는 익숙한 맛이니 모두를 위한 선물로 제격입니다.

2. 스페인 대표 신발 브랜드 '깜뻬르 CAMPER'
우리나라는 물론 전세계에 매장이 있는 유명 신발 브랜드입니다. '아무리 신어도 닳아지지 않는 신발'이라 불릴 만큼 튼튼하고 편안합니다. 현지의 아울렛을 통해 국내 가격의 절반 정도 금액에 구매할 수 있습니다.

3. 스페인 왕실의 향기 '알바레스 고메스 Álvarez Gómez'
스페인 왕실에 납품하는 것으로 알려진 100년 역사의 마드리드 목욕 용품 브랜드로 높은 품질과 좋은 향기, 저렴한 가격 삼박자를 고루 갖추었습니다. 비누와 샤워 코롱 제품이 특히 인기가 많습니다.

📷 스페인어 이름들은 왜 다 똑같을까?

José 호세, Carlos 까를로스, Francisco 프란시스코, María 마리아, Ana 아나, Eva 에바 등 스페인을 여행하며 우리는 수많은 친구들과 인연을 맺게 됩니다. 그런데 왜 스페인 사람들의 이름은 모두 똑같은 걸까요? 2명의 호세, 3명의 후안을 만나는 것은 그리 어려운 일이 아닙니다. 이름에 한자를 쓰는 우리 나라는 뜻과 발음을 고려해 글자를 조합하여 이름을 짓지만 스페인 사람들에게 이름은 '짓는 것'이 아닌 '고르는 것'이기 때문입니다. 카톨릭의 영향으로 성서에 등장하는 성인들의 이름을 따오거나 (José-요셉), 라틴어에 기원을 둔 단어를 선택하기도 합니다. (Victor-승리자)

부록

맛있는 연습 문제 정답

DAY 01
맛있는 연습 문제   25쪽

2 ① manzána   papél   azúcar
   ② jóven   lápiz   felíz
   ③ atún   Madríd pantalónes

3 ① árbol   ② hoy   ③ señorita
   ④ tiempo ⑤ nombre   ⑥ mujer

DAY 02
맛있는 연습 문제   30쪽

1 ① coreana   ② profesora
   ③ médico   ④ estudiante
   ⑤ madre

2 ① unas chicas amables
   ② los chicos guapos
   ③ las chicas guapas

3 ① los   ② una   ③ unos   ④ la

DAY 03
맛있는 연습 문제   40쪽

1 Hola   buenos días
   Adiós   pronto

2 ① ¡Hola, buenas tardes!
   ② ¡Hola, buenas noches!

3 ① ¡Felicidades!
   ② mucho gusto

DAY 04
맛있는 연습 문제   50쪽

1 soy   te llamas
   Me llamo   Encantada

2 ① eres   ② somos   ③ son

3 ① Ellas   ② Ellos

정답   203

WEEK 01 완전 익히기 – 첫째 주 다시 보기

실력 다지기 53쪽

1. ① 아우또부스 ② 초꼴라떼
   ③ 씨우닷 ④ 뼹구이노
   ⑤ 무헤르 ⑥ 까예

2. ① señora ② cantante
   ③ hermana ④ madre

3. ① chica guapa
   ② españoles amables

실력 다지기 55쪽

4. ① Yo ② Tú
   ③ Él ④ Nosotros/-as
   ⑤ Ellas ⑥ Ustedes(Uds.)

5. ① ¡Hola, buenos días!
   ② Yo soy Sona.
   ③ De nada.

6. ① ¡Adiós, hasta luego! , ¡Suerte!
   ② Felicidades.

DAY 06 맛있는 연습 문제 68쪽

1. me llamo / coreana
   estudiante / Sí, soy

2. ① ¿Eres china?
   ② No. Soy japonesa.

3. ① francesa
   ② estadounidense

DAY 07 맛있는 연습 문제 78쪽

1. estás / bien
   Todo / esto
   un bocadillo / rico

2. ① El ② La

3. ① Ella está cansada
   ② Él está ocupado

DAY 08 맛있는 연습 문제 88쪽

1. Perdón / está
   en el centro / lejos del
   para / muchos

2. ① ¿Dónde está el baño?
   ② ¿Hay un parque por aquí?

3 ① Hay una hamburguesa.
　　② Hay unos autos.

DAY 09
맛있는 연습 문제　　　　　　　　98쪽

1　comida tradicional　　Aquí
　　por favor　　　　　　　Cuánto
　　4 euros

2 ① veintinueve
　　② ochenta y ocho

3 ① quince euros
　　② veinte dólares

WEEK 02 완전 익히기 – 둘째 주 다시 보기

실력 다지기　　　　　　　　101쪽

1 ① japonés/-esa　② 상냥한, 착한
　　③ profesor/-a　　④ 요리사
　　⑤ rico/a　　　　　⑥ 한가한, 자유로운

2 ① está, Muy bien
　　② chinos, coreanos.
　　③ frío, caliente.

3 ① ¿Cómo están Uds.?
　　② No, estoy libre.

실력 다지기　　　　　　　　103쪽

4 ① entrada　　　② 출구
　　③ escaleras　　④ 엘리베이터
　　⑤ mercado　　⑥ 길, 거리

5 ① un parque, dos parques
　　② Dónde, no hay
　　③ Cuánto, Sesenta

6 ① cuarenta y ocho
　　② setenta y dos

DAY 11
맛있는 연습 문제　　　　　116쪽

1　extranjeros　　hablas
　　un poco　　　también, vives
　　Vivo

2　① ¿Comes carne?
　　② No, no como carne.

3　① Hablan chino.
　　② Come pollo.

DAY 12
맛있는 연습 문제　　　　　126쪽

1　haces　　　　Estudio
　　el parque　　tiempo
　　buen tiempo　Qué

2　① Hace mucho calor.
　　② ¿Qué haces este fin de semana?

3　① Hace mucho frío.
　　② Hace mucho viento.

DAY 13
맛있는 연습 문제　　　　　136쪽

1　quieres　　　recomiendas
　　Te　　　　　fría
　　Vale　　　　quiero

2　① Quiero ver una película.
　　　Quiero descansar un poco.
　　　Quiero bailar contigo.
　　② Es una sopa fría de tomate.

3　① Te　　② Os

DAY 14
맛있는 연습 문제　　　　　146쪽

1　puedo　　　Puedes
　　llueve　　　usar
　　llevo　　　 amable

2　① Te quiero mucho.
　　② No me quieres.

3　① Llueve mucho(muchísimo).
　　② Nieva mucho(muchísimo).

 **WEEK 03** 완전 익히기 – 셋째 주 다시 보기

실력 다지기 149쪽

1. ① inglés ② 닭(고기)
   ③ español ④ 도시
   ⑤ un poco ⑥ 오늘

2. ① tiempo, mucho calor.
   ② Hablas, un poco.
   ③ come, como

3. ① ¿Dónde vive?
   ② Vivo cerca de aquí.

실력 다지기 151쪽

4. ① recomendar ② 차
   ③ vino ④ 반지
   ⑤ coche, auto ⑥ 가져가다, 데려다주다

5. ① Me, te
   ② Quieres, por favor
   ③ Puedes, puedo

6. ① Quiero ir al baño.
   ② Te amo mucho.

DAY 16
맛있는 연습 문제 164쪽

1. Tengo　　　　Quieres
   supuesto　　　comer, ir
   hambre　　　　Tenemos

2. ① ¿Cuántos años tienes?
   ② Tengo veinticinco años.

3. ① Él tiene hambre.
   ② Ella tiene frío.

DAY 17
맛있는 연습 문제 174쪽

1. vas　　　　Voy
   a ir　　　　A qué hora
   Sale　　　　llega

2. ① Voy a Francia hoy.
   ② Voy a llegar a Francia mañana.

3. ① Sale a las 10.
   ② Llega a las 3.

DAY 18
맛있는 연습 문제 184쪽

1. el vino　　　prefiero
   también　　　Vamos a

2. ① ¿Te gusta leer?
   ② No, no me gusta leer.

3 ① Prefiero la carne al pescado.
② Prefiero el fútbol al béisbol.

DAY 19
맛있는 연습 문제   194쪽

1 pasa   Pareces
     duele, tengo   Tienes que
     Tengo que

2 ① Tengo que ir a casa.
② Tienes que hacer ejercicio.

3 ① Le duele el estómago.
② Le duele la cintura.
　　 또는 Le duele el cuello.

완전 익히기 – 넷째 주 다시 보기

실력 다지기   197쪽

1 ① dinero   ② 컴퓨터
③ pasaporte   ④ 남자친구, 신랑
⑤ hermano   ⑥ 도착하다

2 ① Adónde, Voy
② hora, 4 y media.
③ tienes, tengo

3 ① ¿Qué vas a hacer mañana?
② Voy a ir al cine.

실력 다지기   199쪽

4 ① cerveza   ② 주스
③ avión   ④ 생선
⑤ cabeza   ⑥ 파티

5 ① prefieres, Prefiero
② Les, nos
③ duele, duelen

6 ① ¿Te gusta el gato?
② Me gusta más el perro que el gato.

100만 독자의 선택
맛있는 중국어 시리즈

회화

첫걸음·초급
▶ 중국어 발음과 기본 문형 학습
▶ 중국어 뼈대 문장 학습

초·중급
▶ 핵심 패턴 학습
▶ 언어 4대 영역 종합 학습

| 맛있는 중국어 Level ❶ 첫걸음 | 맛있는 중국어 Level ❷ 기초 회화 | 맛있는 중국어 Level ❸ 초급 패턴1 | 맛있는 중국어 Level ❹ 초급 패턴2 | 맛있는 중국어 Level ❺ 스피킹 | 맛있는 중국어 Level ❻ 중국통 |

기본서

▶ 재미와 감동, 문화까지 **독해**
▶ 어법과 어감을 통한 **작문**
▶ 60가지 생활 밀착형 회화 **듣기**

▶ 이론과 트레이닝의 결합! **어법**
▶ 듣고 쓰고 말하는 **간체자**

맛있는 중국어 독해 ❶❷   NEW맛있는 중국어 작문 ❶❷   맛있는 중국어 듣기   NEW맛있는 중국어 어법   맛있는 중국어 간체자

비즈니스

▶ 비즈니스 중국어 초보 탈출! **첫걸음**
▶ 중국인 동료와 의사소통이 가능한 **일상 업무편**
▶ 입국부터 출국까지 완벽 가이드! **중국 출장편**
▶ 중국인과의 거래, 이젠 자신만만! **실전 업무편**

맛있는 비즈니스 중국어 Level ❶ 첫걸음   맛있는 비즈니스 중국어 Level ❷ 일상 업무   맛있는 비즈니스 중국어 Level ❸ 중국 출장   맛있는 비즈니스 중국어 Level ❹ 실전 업무

\ 100만 독자의 선택 /
맛있는 중국어 HSK 시리즈

기본서

▶ **시작**에서 **합격**까지 **4주 완성**
▶ 모의고사 동영상 무료 제공(6급 제외)
▶ 기본서+해설집+모의고사 All In One 구성
▶ 필수 **단어장** 별책 제공

  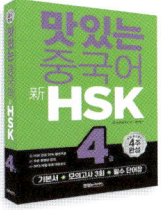  

맛있는 중국어 HSK 1~2급 첫걸음 | 맛있는 중국어 HSK 3급 | 맛있는 중국어 HSK 4급 | 맛있는 중국어 HSK 5급 | 맛있는 중국어 HSK 6급

모의고사

맛있는 중국어 HSK 1~2급 첫걸음 400제 | 맛있는 중국어 HSK 3급 400제 | 맛있는 중국어 HSK 4급 1000제 | 맛있는 중국어 HSK 5급 1000제 | 맛있는 중국어 HSK 6급 1000제

▶ 실전 HSK **막판 뒤집기!**
▶ 상세하고 친절한 **해설집 PDF** 파일 제공
▶ 학습 효과를 높이는 **듣기 MP3** 파일 제공

단어장

맛있는 중국어 HSK 1~4급 단어장 | 맛있는 중국어 HSK 1~3급 단어장 | 맛있는 중국어 HSK 4급 단어장 | 맛있는 중국어 HSK 5급 단어장

▶ 주제별 분류로 **연상 학습** 가능
▶ HSK **출제 포인트**와 **기출 예문**이 한눈에!
▶ **단어 암기**부터 HSK **실전 문제 적용**까지 한 권에!
▶ 단어&예문 **암기 동영상** 제공